大是文化

The Shortest History of China

漢學家觀點的極簡中國史

能翻譯電影字幕的漢學家，以旁觀者角度研究華夏歷史，

解讀中國現象，可以知興替、明是非

研究中國政治、語言和文化四十多年
旅居臺、港、中的漢學家
賈佩琳（Linda Jaivin）——著
楊詠翔——譯

以此紀念我的父母，路易斯．潔文（Lewis Jaivin）和娜歐蜜．潔文（Naomi Jaivin），他們鼓勵我去鑽研任何我感興趣的事物，而讓我最感興趣的，便是中國。

CONTENTS

重要事件	全球大事
北京猿人	第一批澳洲原住民（5 萬年前）
黃河流域文明 	巨石陣（約西元前 3000 年） 吉薩金字塔（約西元前 2680 年）
	猛獁象滅絕（約西元前 1700 年）
甲骨文	
《易經》、 《孫子兵法》、 孔子、孟子、 老子、韓非子 	釋迦牟尼、柏拉圖（Plato）、 亞里斯多德（Aristotle）、 蘇格拉底（Socrates）
大一統時期	
紙張、羅盤、木板印刷術的發明；絲路、王莽篡漢（西元 8 年至 23 年）	古埃及羅塞塔石碑（西元前 196 年） 羅馬帝國（西元前 27 年至西元 476 年）
赤壁之戰（208 年）	
蘭亭集會（353 年）	馬雅文明古典期（250 年至 950 年）
隋唐大運河	中世紀、伊斯蘭教先知穆罕默德（571 年至 632 年）

（續下頁）

▼ 中國史年表

年分	朝代
舊石器時代（250 萬年前）	
新石器時代（西元前 1 萬年至前 2070 年）	黃帝和炎帝（約西元前 2852 年至前 2070 年）
古代（西元前 2070 年至前 221 年）	夏朝（西元前 2070 年至前 1600 年）
	商朝（西元前 1600 年至前 1050 年）
	周朝（西周及東周），包含戰國時期（西元前 1050 年至前 221 年）
帝制時代（西元前 221 年至西元 1912 年）	秦朝（西元前 221 年至前 206 年）
	西漢（西元前 202 年至西元 8 年） 東漢（25 年至 220 年）
	三國（208 年至 265 年）
	晉朝（266 年至 420 年）
	五胡十六國（304 年至439 年）
	南北朝（420 年至 581 年） 隋朝（581 年至 619 年）

重要事件	全球大事
佛教傳播、中國詩歌的黃金時代、安史之亂（755 年至 763 年）	維京文明、迦納帝國
	韓國高麗王朝、黑斯廷斯之戰（Battle of Hastings，1066 年）
理學、都市化、纏足	伊斯蘭黃金時代、十字軍東征
忽必烈、馬可波羅	歐洲文藝復興
紫禁城、小說的黃金時代、鄭和下西洋	印加帝國、探索時代
新疆及西藏納入中國版圖、鴉片戰爭	啟蒙運動（啟蒙時代）、帝國主義和殖民主義興起
百日維新、辛亥革命	工業革命
軍閥割據、對日抗戰、國共內戰	第一次世界大戰、蘇聯成立、第二次世界大戰
大躍進、文化大革命、毛澤東逝世、鄧小平改革、習近平的「新時代」	韓戰、冷戰、蘇聯解體、911 事件、新冠肺炎疫情爆發

※年分間的空白及重疊代表動盪、叛亂、分裂四起的時代，漢朝以前的年分皆為推估。

年分	朝代
帝制時代（西元前 221 年至西元 1912 年）	唐朝（618 年至 907 年）
	五代十國（907 年至 979 年） 契丹遼朝（916 年至 1125 年）
	北宋（960 年至 1127 年） 女真金朝（1115 至 1234 年） 南宋（1127 至 1279 年）
	蒙古元朝（1271 年至 1368 年）
	明朝（1368 至 1644 年）
	滿洲清朝（1644 至 1912 年）
現代（1912 年至今） 	中華民國（中國大陸時期：1912 年至 1949 年、臺灣：1949 年至今）
	中華人民共和國（1949 年至今）

黑龍江
外蒙古
吉林
內蒙古自治區
遼寧
日本海
北韓
北京
黃河
寧夏回族
自治區
天津
河北
南韓
山西
山東
京杭
大運河
黃海
日本
西安
甘肅
江蘇
河南
陝西
安徽
上海
湖北
武漢
長江
杭州
東海
重慶
浙江
江西
湖南
福建
貴州
臺
灣
廣東
廣西壯族
自治區
廣州
香港
菲律賓海
越南
澳門
海南
南海
菲律賓

▼ 曾以「中國」或「中華」而為人所知的地區

推薦序

透過外國人的眼睛，帶領我們知興替、明得失

臺大翻譯碩士學程助理教授／陳榮彬

從盤古開天地開始，講到《香港國安法》立法與新冠疫情，澳洲漢學家賈佩琳（Linda Jaivin）用三百多頁的篇幅，把中、港、臺三地的歷史糾葛寫出來，這種化繁為簡的功夫可非一般人能做到。

賈佩琳究竟是何許人也？除了漢學家的身分之外，其實她前往香港與中國發展以前，最早在中文世界的歷練是大學四年學了中國史以後，又來臺灣進修中文，這種出入三個不同華人社會的生活體驗，讓她能清楚看見兩岸三地究竟有何不同，而且為什麼中共會把新疆、西藏及臺灣都當成「不安因子」。

另外，因為是從外國漢學家的角度看中國史，對於歷史人物的評價方式，自然與我們從歷史課本裡面得到的印象大不相同，例如鄭成功是「中日混血、暴躁易怒的海盜兼士大夫」，蔣介石是「死忠的反共分子，野心勃勃，還擁有黑道背景」等。

或許就像她在書中所引述，西元十世紀中國史家劉昫（編按：昫音同許，西元八八七年～九四七年）所說：「當局稱迷，傍觀見審。」（編按：後演變為「當局者迷，旁觀者清」。）只不過，劉昫是從象棋中獲得撰寫史書的啟發，賈佩琳則是因為外國人的身分，而得以更清楚的看見中國現代史的種種政治糾葛。

此外，這本書的特點除了短，還有「新」。作者提到中國斥資數兆美元推動一帶一路計畫，甚至表示「中國的崛起在世界各地引發了各種關注，包括和政治洗腦及人權侵害相關的疑慮」，就連電影《戰狼》都成為中國崛起的象徵之一而被提及。讀到這些內容，我們幾乎可以確定本書不會有簡體字版問世，或至少不會有完整、一刀未剪的簡體字版。

而身為女性，賈佩琳強調她從「她史」（herstory，將 history 中的他〔his〕改成她〔her〕）的角度出發，所以女性在這本書裡面自然比一般中國通史中的女性歷史人物有更多篇幅，因此如果看到班昭、花木蘭、武則天、潘金蓮、宋慶齡甚至蔡英文出現在同一本書裡，也不要感到太過訝異。

賈佩琳的另一個特別身分，是譯者。她曾經翻譯過《霸王別姬》、《梅蘭芳》及《英雄》等電影的字幕，將中文譯為英文；同時也認識侯孝賢、許鞍華、徐克、陳凱歌、張藝謀等兩岸三地的大導演。

藉由這種優遊於中、西文化之間的身段，賈佩琳將一段從遠古到二十一世紀的複雜歷史，寫得精采有趣，讓臺灣讀者也能有耳目一新的感覺。

她更能把這部包含香港與臺灣在內的中國通史，當成某種跨文化的「翻譯」計畫；這邊所說的翻譯，不是語言上的中翻英、英翻中，而是將中華文化正確的翻譯給不屬於中華文化的人。

序論

從漢學家的旁觀視角，探索複雜中國歷史

在華語圈裡，其實沒有人會用「希望你活在更有趣的時代」（May you live in interesting times.）來詛咒別人（編按：帶有諷刺意味的英語表達方式，但常被誤稱為中文用法），因為不管怎麼說，這都像是一句廢話。

中國歷史充滿各種不凡人物、思想論辯、政治陰謀、軍事衝突、社會劇變、工藝發明、科技創新，在各式糾結、變化、躍進和循環中進步。中國歷史淵遠流長，至少能追溯到三千五百年前，其主題、教訓以及榮辱的記憶，就藏在當代中國生活、語言、文化、政治的脈動中。

隨著中華人民共和國在國際事務上扮演的角色越發重要，其歷史也變成不可或缺的知識，因為想理解今日的中國，就必須先看看過去的中國。

正如中國共產黨不斷堅持香港、臺灣、西藏、新疆、南海諸島都屬於中國，皆

是不可分割的一部分，中共會如此強烈的追求「統一」，便是源自十九世紀西方帝國主義列強對中國實行半殖民等惡行所帶來的恥辱，以及兩千年來合久必分、分久必合的中國民族心理，所留下的不可抹滅的印記。

西元前二二一年的第一次大一統時代（編按：指秦朝），即便統一了度量衡系統和書寫文字，卻是極權專制帶來的成果，而這也是中國歷史複雜遺產的一部分。

中國一點都不「小」，這個國家擁有將近十四億人口，是世界上人口最多的國家，**世上每五個人中，就有一個是中國人**，這還沒算進世上其他認同自己是中國人的那四千五百萬人。中國的面積為九百三十萬平方公里，是世界陸地面積第三大的國家，僅次於俄羅斯和加拿大，邊界和其他十四個國家接壤。

中國是世界上最大的出口國，同時也是世界第二大經濟體，還是製造業中心以及充滿自信的軍事強權，解放軍的規模為世界最大，而中國在國際組織和國際事務上的重要性，也正與日俱增。

中國斥資數兆美元，推動「一帶一路」計畫，在許多國家投資，包括阿富汗、厄瓜多、巴林、保加利亞、衣索比亞、越南等，是有史以來最具野心的基礎設施建設計畫。而中國國內的計畫也同樣規模宏大，包括建造巨型水壩和無所不在的監控系統，以及世界上最長的跨海通道——長達五十五公里的港珠澳大橋。中國也是人工智慧、環境科技、通訊網路基礎建設等領域的佼佼者，有著在二〇五〇年之前成為世界科技龍頭的目標。

中國的崛起在世界各地引發各種關注，包括對政治影響戰（political influence operation）及人權侵害相關的疑慮，而北京一再堅稱中國的人權定義和西方不同，更是無法平息批評。即便中共官方宣稱自己代表十四億中國人民發言，歷史卻顯示，這塊廣袤土地上的人民，總是抱有各式各樣的知識、思想、政治及文化立場。

中國在各方面都非常多元，雖然**有超過九〇%的人認為自己是漢人，但是剩下一〇%人口卻分屬五十五個不同的民族**，包括維吾爾人、蒙古人、藏人，即便被迫同化，許多民族仍擁有自己的語言，並保有自身的宗教和文化習俗。漢人同樣也可能認同不同地區的文化和次文化，使用的甚至是無法彼此溝通的方言，例如上海話和廣東話，以廣東話為母語的人數超過六千兩百萬人，比義大利文還多。

中國國語普通話，在英文中稱為 Mandarin，是一種經過建構的語言，中國教育部二〇一三年時甚至承認，普通話流利程度達母語的人數，不到全國人口的一〇%，而且有將近三〇%的人根本不懂普通話，不過他們的教育正為了改變這點而努力[1]。

北方人比較喜歡小麥，南方人則偏好稻米，但也不一定，像是有些中國人從來不碰辣椒，其他人卻沒有辣椒就活不下去；北京人抱怨上海人勢利小氣，上海人則反嗆北京人雖然心胸寬大、卻很粗魯。

但這些刻板印象在中國的多樣性面前，都變得不值一提，中國人各形各色，有從事自給農業的農夫、搭噴射機代步的億萬富翁、佛教僧侶、夜店老闆、激昂的女性主義者、死忠父權主義者、前衛藝術家、航太工程師、犛牛牧人、電影動畫師、支持民主的異議分子，以及忠誠的共產黨員。

他們可能住在高聳的公寓小區、和兩千年前相差無幾的院落宅邸、歐式別墅、長屋、高腳屋、蒙古包，甚至是裝潢過的洞穴中。他們可能著迷於各種事物，包括京劇、西方歌劇、龐克音樂、喉音（編按：throat singing，用喉音的唱法，包含蒙古的呼麥）、粵語流行歌、象棋、電動遊戲、韓劇、書法、攝影、社交舞、扇子舞，可能全都喜歡，也可能都不喜歡。

中國二十三個省分（編按：宣稱包括臺灣）和五個自治區（廣西、內蒙古、西藏、寧夏、新疆），高度都市化的地理環境也和其居民一樣百花齊放，從嚴寒的乾草原到熱帶島嶼、叢林、沙漠、肥沃的農地、高聳的山脈、低矮的沖積平原。

世界上好幾個人口最多的城市都位於中國，屬於四個直轄市之一的重慶，人口便超過三千萬人，上海則有約兩千五百萬人。除了世上第三長河長江之外，還有六條亞洲大河源於西藏：印度河、恆河、布拉馬普特拉河（編按：上游即雅魯藏布江）、伊洛瓦底江（編按：由北到南貫穿緬甸）、薩爾溫江（編按：發源於西藏，進入緬甸）、湄公河，河流上游的水壩建造、採礦、灌溉計畫，甚至是青藏高原的造林工程，都會影響世上將近一半人口的用水。

二〇二〇年九月，中國國家主席習近平向聯合國承諾，中國將在二〇六〇年以前達成零碳排，如果成真的話，將能協助對抗氣候變遷，甚至決定地球的未來。

「中國」究竟代表什麼？先了解何謂「中華」

孔子（西元前五五一年至西元前四七九年）的弟子曾經問他，如果他能作主，第一件事會做什麼，孔子回答：「必也正名乎！名不正，則言不順；言不順，則事不成；事不成，則禮樂不興。」[2]

China一詞，最早源自歐洲語言，出現於一份十六世紀的西班牙文獻中[3]，應來自梵文和日文指涉古代秦朝的「cīna」和「支那」（shina）。

中國兩字則可以追溯至三千年前的詩歌集《詩經》，「中」表示中間或中央，第二個字「國」，則是由「口」包著代表人民的「口」和象徵防禦的「戈」，原先指的是擁有堡壘的城池，後來可指王國，最後演變為國家之意。雖然中國時常會譯為「中央王國」，「中」這個字起初代表的是王國或城市的中心，而非這個王國本身位於世界的中央。

中華也很常用來指涉中國，「華」象徵華麗、光芒、繁榮，是古代黃河流域兩支定居部落其中一支的名稱，這支部落據說便是漢人的祖先。中華代表的比較不是特定範圍的領土，而是文化本身，包含各種神話、傳說、歷史、文化概念，為廣義上的華人世界，從中國大陸、臺灣、香港，傳播到澳洲、馬來西亞、新加坡、塞內加爾（編按：西非國家）等地的離散族群。

即便還有其他指涉中國的詞，我們仍可以認為**中國此一概念，就落在「中國」和「中華」之間的某處**。本書一開始提供的那張地圖，並不是現今的中國地圖，還包括了那些現在或過去某段時間內，曾以中國或中華的一部分為人所知的地區。

在中國歷史上，大多數人認同的都是朝代，比如說唐朝人，**而非「中國人」**，要到一九一一年辛亥革命推翻最後一個朝代——清朝之後，這個國家才將中國的意義加進國號。不管是一九一一年創立的中華民國，或是一九四九年創立的中華人民共和國，都是使用中華來代表中國，而非僅用中國兩字。

孔子所謂的正名，也代表誰擁有發言的特權，我研究中國歷史和中文已經超過四十年，而且也曾在中國大陸、臺灣、香港居住及旅遊過很長一段時間，雖然我不是中國人，我仍受史家劉昫的文字鼓勵，他從象棋中獲得了撰寫史書的啟發：「當局稱迷，傍觀見審。」[4]

中國歷史上的許多事件和人物都爭議重重，孔子提倡中庸思想及嚴格的社會階級制度，他的理念究竟確保了中華文明的穩定和連續，還是反倒阻礙其進步？數千年來的中國思想家，都曾針對孔子的理念展開激辯，在這一點及其他議題上，我會盡可能保持公正，至少也會點出其他多元觀點的存在。有些讀者可能會覺得，這麼做在政治上不太方便、甚至易引發衝突，但我會忠於我所了解的史實。

聰明人在撰寫簡明的歷史時，可能會聚焦在幾個重要的主題或人物上，但我沒這麼聰明，必須要在重要的人物、經濟和社會發展、軍事史、藝術和知識思潮中抉擇，我最終決定選擇「所有事物」。

我在本書中特別強調的，是那些我認為能夠代表那個時代和中華文明及國家演進的主題、事件、人物，我並沒有鉅細靡遺的列出中國所有皇帝、叛徒、思想家、藝術家、異人、發明家、政治家、詩人，不過我會向讀者介紹最具影響力、最有趣的人物，並在短短的篇幅中盡力描繪，讓他們為自己發聲，你也將讀到古代史家、當代政治家、詩人、諷刺作家作品的引言。

此外，歷史當然也是「她史」，所以可以期待在本書中，認識比其他通史中更多名女性。

中國包羅萬象，而其偉大之處，便包括無可駕馭的複雜性。

第一章

盤古開天到商朝：中華文明的起源

根據廣為流傳的中國創世神話，很久很久以前，原始混沌凝結在一顆蛋中，陰陽這兩股互補的宇宙能量，在其中越積越厚，圍繞著長著角的毛茸茸巨人盤古。一萬八千年過去，盤古終於破殼而出，手上拿著斧頭，將陰陽一分為二，「陰」成了他腳下的大地，「陽」則成了頂上的天空，隨著盤古越長越高，也把天地頂得越來越遠。盤古死後，骨肉成為土壤、汗水成為雨水、氣息成為風、血液流成江河、雙眼化為日月、毛髮長出植物和樹木，皮膚上的跳蚤，則成了動物和人類。

無數時光流逝，互相征戰的神明破壞了天庭，玉皇大帝的女兒女媧只好用五色石補天，有些人認為，人類便是女媧以黃土塑造而成。

大約七十八萬年前，黃河氾濫的範圍，比今日還更接近北京，孕育了一片豐饒的沖積平原，野豬、水牛、綿羊和鹿，在中國第二長河周邊的蒼翠草原上漫步，鳥兒在果樹茂密的森林中築巢。北京猿人和人類其他的石器時代祖先，在鄰近的山洞中躲避牙齒尖利的貓科動物、狼、熊、獵豹及其他掠食者，並前去平原狩獵和採集。

「華」和「夏」據說是漢人祖先的部落，定居於黃河中下游，大約一萬三千年

▲ 東亞地區最古老的動物雕刻，2020 年於河南省靈井鎮鑿井工程遺留的土堆中發現。

前的某一天，某個人用燒焦的骨頭刻了一隻長兩公分的鳥，並擺在基座上，這是東亞地區最古老的動物雕刻。

農耕預告了新石器時代的開始，在相對乾燥的北方，人們種植的是小麥，南方的沃土種的則是稻米，農夫還會養豬、綿羊、水牛、狗，並用泥磚、木頭、石頭、泥漿蓋房子。在某些地區，還會有光滑的紅磚牆及用泥土和木頭燒成的屋頂，房舍形成了圍牆，並組成了社區，最後，這種社區將遍布中原。

有更多的閒暇時間後，人們開始用陶土燒製碗、酒杯、樂器，並以抽象的花紋及野獸圖樣裝飾，還會把玉、龜殼、獸骨雕刻成首飾或宗教儀式及葬禮使用的物品。

來自黃河河谷，世界上最古老的絲綢碎片，

▲ 照料和餵食吃桑葉的蠶，是蠶業的基礎，可以追溯至中國的新石器時代。

顯示中國人最早在西元前三六三〇年便已了解養蠶的技術，這項技術從一開始就由女性負責，從切桑葉餵食家蠶的幼蟲，到採集蠶繭，煮沸取絲，再進行紡織、染色、製作衣物。

絲綢最終將會在中國的外交、貿易、時尚、通訊、藝術（用於紙張和畫布）等領域扮演重要角色，但是一開始是誰想到要把蠶繭煮沸的？

傳說中，半神話人物黃帝的正室，又稱西陵氏的嫘（嫘音同雷）祖，有天在桑樹下喝茶，結果有個蠶繭掉進她的杯子裡，開始溶解，撈起閃閃發亮的絲線後，她便發覺這種材質足夠強韌，可以拿來紡織。

也有說法認為是嫘祖的丈夫黃帝本人，發現了個中奧妙，類似的傳說也提及黃帝發明了許多東西，從推車、船隻、木屋、輪子、曆法，甚至還有一把竹排笛，據說能發出傳說生物鳳凰的聲音；中國南方崇鳳，北方則尊龍。

黃帝是名驍勇善戰的戰士，曾和無數敵人展開激烈戰鬥，包括長著角的惡魔和巨人，最後終於統一黃河北部的部族。

黃帝發明文字的傳說，也為「中華歷史五千年」這個流行說法奠基，然而，中國最早出土的文獻只能追溯至三千五百年前，使其只能屈居世界第三、第四古老的書寫系統，排在美索不達米亞的蘇美人跟埃及人之後，也很可能排在邁諾斯人（編按：指愛琴海地區的邁諾斯文明）之後，其書寫系統發明時間和中國相近。

目前還不清楚黃帝是不是真實存在的歷史人物，有可能只是各式繪聲繪影的傳說，賦予了他神一般的特質，又或是他一開始就是神，但後來受到擬人化。黃帝從西元前五世紀起受眾人崇拜，漢人將黃帝和其繼承者炎帝，視為其最古老的祖先。

另一個半神話的朝代夏朝，則是始於西元前二一〇〇年左右，堯、舜、禹三名

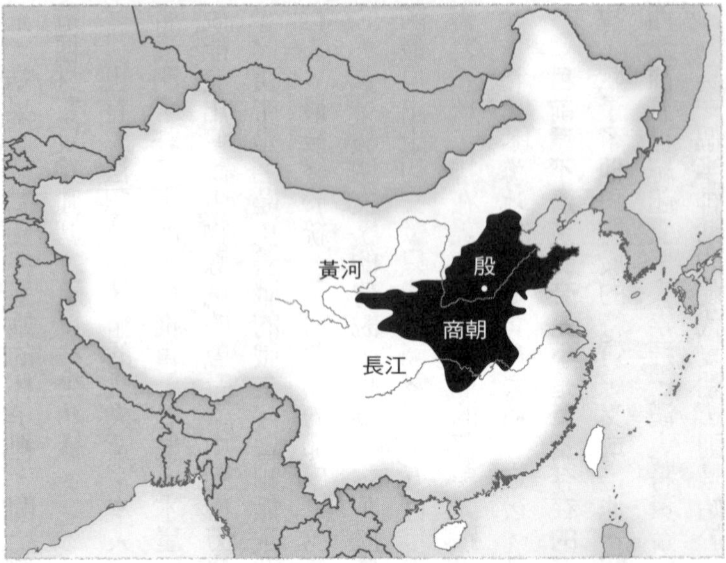

▲ 商朝從首都殷（現河南安陽）統治黃河下游的大片豐饒土地。

傳奇皇帝的統治結束之時，又過了五、六百年，中國於西元前十六世紀進入青銅器時代，此時歷史紀錄才較為可信，也同時標示著商朝的開始，而這個朝代將延續超過六百年。

商朝的統治者相當好戰、極度迷信，不僅信奉數個不同神明，還會進行活人獻祭，他們也會蓄奴，奴隸包括樂師和舞者。此外，每個國王都有一個正室和許多側室或小妾，在中國歷史大部分的時間內，有能力負擔超過一名妻子的男人，都可以自由納妾，所以中文會說男人「娶」老婆，女人則是「嫁人」。

商朝人的曆法已經有月相盈虧和太陽年的概念，他們還發明了計時系統「地支」，將一天分為十二個區塊，每區塊為兩小時，這個系統經過些微調整後，在三千五百年後的今天，仍然持續使用。

我們會知道這些，是因為商代的巫師會將鮮血抹在公牛的肩胛骨和龜殼上，加熱直至碎裂，並以碎片展現的圖樣占卜，藉此回答不同問題，例如今年的收成如何？我應不應該參戰？我牙痛是不是因為忤逆祖先？巫師會以中國最古老的文字——甲骨文，把答案刻在骨頭上。

有些中文字是象形字，例如「日」和「月」，但也有會意字（編按：合成兩個以上的字表示一個意義的造字法），譬如「明」；其他字則由形符和聲符組成，形符指的是某個特定的部首，表示特定的意思，如「玉」、「人」、「火」等，聲符則表示聲音，不過沒有標明音調，因此實際發音可能不同。

舉個例子，「馬」就是一個象形字。從這個字，你可以看到馬飛馳的腳和飄逸的鬃毛；同時，馬同時能當成形符和聲符，例如在「馭」一字中，它就是形符，代表「駕駛馬車」，而在「媽」一字中就是聲符。

四個中文字的歷史演變

▲ 甲骨文是中國最早的文字，不像表音語言以字母表示發音，中文是一種表意語言，每個字都代表不同意思或概念。

甲骨文記載了一名厲害的女子婦好，她是商朝國王武丁（約西元前一二五〇年～前一一九二年在位）的妻子，也是獵人和戰士，曾帶領一萬三千名男子組成的軍隊對抗國王的敵人，有些記載還提及她的嫁妝就包括一支軍隊。婦好也負責占卜和其他儀式，她死後和四把戰斧一同下葬，她的戰功在當時是否算是顯赫，我們不得而知，但根據她獨立自主的一生，以及擁有自己的墳墓這兩點，顯示出**商朝有可能是一個半母系社會**[1]。

婦好熱衷狩獵，這在商代的統治階級中相當常見，他們常和心愛的獵犬葬在一起，而為了在來世仍能過上舒服的日子，有時候也會和僕人一同下葬，不過幸好，最終雕像取代了活人殉葬的習俗。

老百姓對統治階級的行為也有不少意見，我們之所以會知道，多虧世上最古老的詩歌集《詩經》，其中收錄的詩歌和民謠主題多元，包括愛情、追求、悲傷、家務、農事、士兵和其妻子的生活，以及對人民的剝削：

不稼不穡、胡取禾三百囷兮。
不狩不獵、胡瞻爾庭有縣鶉兮。

彼君子兮、不素飧兮。[2]

（編按：不播種、不收割，為何要獨呑三百捆禾？不冬狩、不夜獵，為何見你庭院掛鵪鶉？那些老爺君子啊，可不白吃腥葷啊！）

文字的發明讓統治者能夠統治巨大的王國，信差帶著寫在絲綢或竹簡上的訊息，從王國的一頭快馬加鞭趕到另一頭，先進的通訊、馬車、銅矛銅斧，使商朝成為軍事強權。

但是，統治者變得腐敗、殘忍、失職，痛苦的人民只好起兵造反，同樣的劇本在中國悠久的歷史中一再上演，原先是商朝諸侯的周國崛起，於西元前一一二二年左右擊敗商朝。

周朝最初的幾位統治者據說是明君，這為後繼的君王和思想家帶來一個難題，那就是：究竟該如何重現如此完美的治理？

第二章

周朝：從天下為公到天下大亂

周朝的第一代天子武王死後，王位傳給年幼的兒子成王，並由武王的弟弟周公攝政，據說周公統治時期「天下安寧，刑錯（編按：刑罰置放不用）四十餘年不用」，世襲的封建貴族透過進貢和儀典，向周朝表達臣服之意。

這段時期是中國史上第一段黃金時代，一直持續到西元前七七〇年左右，當時西北方的蠻族犬戎入侵，迫使周朝的統治者往東邊逃，其影響力和榮耀也迅速式微。

周朝前半段的承平時期稱為西周，後半段則稱為東周，分為春秋時代（西元前七七〇年～前四七六年）及戰國時代（西元前四七五年～前二二一年），東周的局勢非常混亂，曾經忠誠的諸侯之間的衝突越發激烈，與周朝統治者亦然，大國併吞小國，直到最後只剩下七個諸侯國彼此爭戰，力圖一統天下。

也許正是因為如此，世上最知名的兵書——孫子所著的《孫子兵法》，亦出現在這個時期。其中記載的三十六計，主要目的便是「避戰」：

上兵伐謀，其次伐交，其次伐兵，其下攻城。故善用兵者，屈人之兵，而非戰

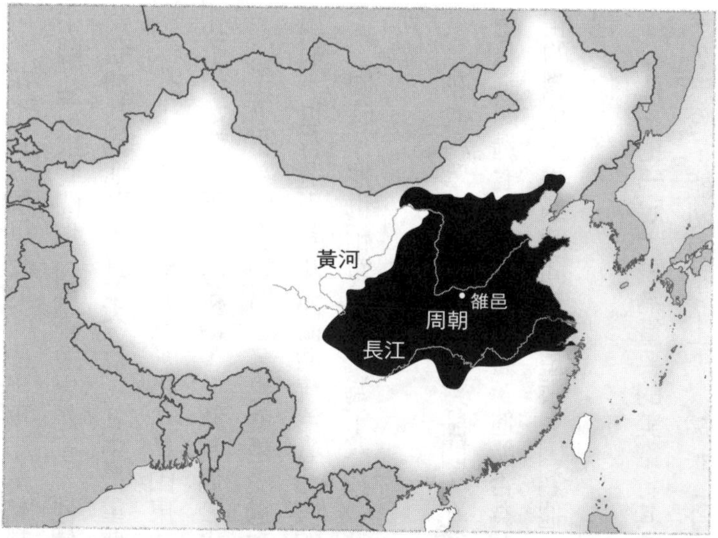

▲ 國力鼎盛時期，周朝的統治範圍南起長江，最遠達北方的草原。

也；拔人之城，而非攻也；毀人之國，而非久也。[1]

這段時期也孕育了豐富的哲學思想，而且不只是在中國，在西方的土地上，年輕的悉達多（編按：釋迦牟尼本名）約於西元前四五〇年悟道，獲得佛陀的稱號；而在安那托利亞（編按：又名小亞細亞），古希臘人米利都的泰利斯（Thales of Miletus，約西元前六二四年～前五四八年），則試圖以神話之外的方式解釋世界的運行，因而成為西方第一位哲學家。

在不到一個世紀內，便出現了蘇格拉底、柏拉圖、亞里斯多德三大哲學家。而中國在這段時間也出現許多思想家，他們不僅影響中國的思想和政治，影響力也擴及亞洲其他地區，直至今日，其中最重要的便是孔子。

孔子生於西元前五五一年，是山東曲阜人。當時是個禮崩樂壞的時代，因此，孔子相當嚮往周公的統治，並認為周公之所以能成功，便是因為注重禮樂及仁義。

孔子認為所謂的君子，也就是受過教育、有教養的男人，不僅位在社會階級的頂端，也有運用其知識協助統治者治國的義務。

同時，他也相當勇敢，為了尋找一個能夠服侍的仁君，在這個動盪的時代周遊列國。

在他和眾多聰穎弟子的對話間，孔子闡釋他對社會和治國的想法。據說，孔子總共詢問過七十二名統治者，他能否為其提供建議，最後才終於在家鄉魯國獲得宰相的職位，不過時間相當短暫，因為他公正不阿，惹怒其他官員，最後以眾人密謀趕走他告終。

孔子把「忠」視為重要的美德，其精神包含對當權者說實話：「愛之，能勿勞乎？忠焉，能勿誨乎？」[2]（編按：愛他，能不為他操勞嗎？忠於他，能不對他勸告嗎？）即便統治者並非總會採納，忠誠且批判的士大夫精神仍會永存。

若說「忠」決定了公領域的關係，那麼，尊重和服從父母的「孝」，便是私領域的類比。

雖然祭祖的概念早在孔子之前就已出現，最基本的表現便是在刻有父系祖先姓名的牌位前鞠躬，但相關儀式仍大幅受到孔子的教誨影響。

孔子認為，如果社會的所有成員都各安其位，女子尊重和服從丈夫、兒子尊重和服從父親、臣子尊重和服從君主，那麼家庭、社會、國家的發展必能順利。不過，這對上位者而言並不容易：「唯女子與小人為難養也，近之則不孫，遠之則怨。」[3]（編按：唯女子與小人難以對付。太親近，他們就會失禮；太疏遠，他們就會怨恨。）

儒家的另一個原則，是中庸，也就是待人處事都要適當。孔子曾聽聞季文子三思而後行，他則認為：「再，斯可矣。」（編按：思考兩次就可以了。）同時，孔子亦不認同粗鄙的炫富，覺得這不僅令人反感，也會對社會造成不良影響。

此外，以某種程度上來說，他也算是個現實主義者，曾說過：「吾未見好德如好色者也。」[4]

孔子認為，道德的原則要透過禮樂制度，在日常生活中維護及實踐；如子貢某次想在祭祀儀式中省去活羊不殺，孔子回答道：「爾愛其羊，我愛其禮。」（編按：你愛惜羊，我愛惜禮。）[5]

孔夫子談論的主題，包括生活的各個層面，可說到了無微不至的地步：「必有寢衣，長一身有半」、「食不語，寢不言」、「紅紫不以為褻服」、「席不正，不坐」、「惡鄭聲之亂雅樂也」（編按：鄭國的音樂多淫聲，為靡靡之音）。

據說孔子有次在鄭國和弟子走散，弟子在尋找孔子時，當地人告訴他們看到一個「纍纍若喪家之狗」[6]的人，這條線索讓弟子們成功找到孔子，後來弟子將當地人的形容據實以告，孔子也欣然接受。

曾獲頒諾貝爾和平獎的中國作家、文化評論家兼民主運動異議分子劉曉波（一九五五年～二〇一七年），也曾對這則經常受到引用的軼事，發表過尖刻的看法：「如果孔子當年能夠找到重用他的帝王，他也早就變成權力的看門狗了。」[7]

孔子於西元前四七九年過世後，兩代弟子將他的格言編纂為《論語》這部中華文明的重要經典，如同漢學家暨翻譯家李克曼（Pierre Ryckmans，筆名為西蒙・萊斯〔Simon Leys〕）所述：「世上沒有任何書，比這本小書的影響力更久遠、更巨大、影響更多人。」[8]

孟子（約西元前三七二年～前二八九年）是孔子的後繼者，他提出所謂的四德——仁義禮智，並將其和四種情緒特質連結：「惻隱之心，仁也；羞惡之心，義也；恭敬之心，禮也；是非之心，智也。」

孟子認為每個人天生就具備這些特質，但也需要後天刻意培養，他同時也提到：「食色，性也。」[9]

孟子的思想後來成為天命說的基礎，也就是君主、天子本人擁有半神聖的統治權，孟子把政治視為「治與亂」的循環，如果君王失去仁義、違背天命，那麼，叛亂和改朝換代便是正當的：「君之視臣如手足，則臣視君如腹心；君之視臣如犬馬，則臣視君如國人；君之視臣如土芥，則臣視君如寇讎。」[10]

孔子曾說君子服侍昏君是「恥」，孟子則更進一步，認為「聞誅一夫紂矣，未聞弒君也」，表示暴君已和賊寇無異，因此得而誅之[11]。

道家似水無形，法家賞罰分明

另一個重要哲學家墨子，和孟子生活的年代相近。他厭惡炫富和繁複的禮樂儀式，提倡**以兼愛和非攻，推動平等社會**。雖然少有統治者採納他的想法，但仍有許多人在思考，當時要是真的採用了，歷史的發展或許會大相逕庭。

至於老子，則相信在完美的治理之下，人民甚至不會發覺統治者的存在：「功成事遂，百姓皆謂我自然。」[12] 據說老子著有格言式的神祕經典《道德經》，這是道家學說的基礎，也啟發了後來的道教。

所謂的「道」，意味著實際及象徵層面上的道路，但也可以表示「說」的意思，而在《道德經》的第一行，就同時運用了這兩個層面上的意思：「道可道，非常道。」[13]

道家提倡順應自然，武打明星李小龍著名的概念「似水無形」，便是在向老子致敬：

「水會柔弱繞過所有障礙，避開高處，沉入深處，能屈能伸，能滿能少，能方能圓，能小能大，能泉能河，能磨平所有事物的稜角，接納所有髒汙，含金，滅火，為植物和樹木帶來生機，軟化和滋潤土壤。

「善利萬物而不爭，天下莫柔弱於水。」[14]

或許《道德經》中最著名的一句話便是「千里之行，始於足下」。我們對老子的生平所知甚少，甚至不清楚他生活的年代，已知最古老的《道德經》版本可以追溯至西元前八世紀，但因為文字刻在竹簡上，甚至無法確定該從哪邊開始閱讀。從很多層面上來說，老子都是一個神祕人物，就像千年後的詩人白居易，在充滿趣味的詩作《讀老子》中所述：

言者不如知者默，
此語吾聞於老君。
若道老君是知者，
緣何自著五千文？[15]

（編按：此詩諷刺老子自著五千言，反倒破壞了「知者不言，言者不知」的

▲ 莊周夢蝶的奇異故事，是《莊子》寓言的經典範例，啟發了道家有關轉化、無常、認知、實在的概念。

道義。）

在老子之後，最著名的道家思想家是莊子。他生活的年代約為西元前四世紀，善於以機智的寓言和有趣的軼事，來闡釋《道德經》中的深奧概念。莊子最廣為流傳的故事，是他某次夢見自己是隻蝴蝶；醒來後，他發現自己其實是夢見蝴蝶的人，但是，他開始懷疑，搞不好他其實是隻蝴蝶，只是夢見自己是人，而夢中的那個人，恰巧夢見自己是隻蝴蝶。誰知道真相為何呢？

莊子虛構了許多孔子和老子相遇的故事，在其中一個故事中，想要和國君宣揚理念的孔子，需要人幫忙引薦至朝廷，於是他找上老子。在這個故事中，老子是個退休的徵藏史（宮中的圖書館員），孔子在闡述他的理念時，老子越來越不耐煩。

老子說道：「大謾，願聞其要。」

孔子回答：「要在仁義。」

老子回應道，假如人性本善，人們就只需要向內索求，遵循自己的天性即可：

「夫鵠不日浴而白，烏不日黔而黑。」[16]

儒家執迷於找出所有情況下的處世之道時，道家則宣揚無為，即似水一般自然流動；儒家的追隨者渴望服侍君主，道家則出了名的不願參與治國，其追隨者發展出各式各樣的儀式和學說，從冥想、煉金術、能量療法，到男性刻意不射精等性術練習，甚至利用丹藥追求長生不老。

數千年來，道家總是讓保守的儒家非常頭痛。不過，這兩個流派在某件事上倒是意見一致，也就是對古老神祕占卜書《易經》的崇敬。《易經》中有六十四卦，每一卦有六層，代表所有可能的陰陽組合。和《道德經》相同，《易經》最初也是以竹簡的形式出現，作者不詳，翻譯家閔福德（John Minford）稱其為「（中國）經典中最怪異，最無法理解的一部……是國家意識形態的基礎，同時也是個精巧強大的載體，包含許多異端學說」。

閔福德也將《易經》擺在中國終極「智慧之書」的地位，因為「《易經》的核心概念，陰陽、道、誠信、修身，是二十世紀前幾乎所有中國思想家都潛心探討的共通主題」[17]。

韓非子（約西元前二八〇年～前二三三年）是戰國時期另一個著名思想家，撰寫了最古老的《道德經》評註；同時，他也是歷史上第一個提到筷子的人，他注意到某個商朝國王拿的是一雙象牙筷子。

韓非子是法家的創始者，他認為運用孔子提倡的道德原則來治國，根本行不通，是非應由統治者決定；孔子認為法律只會鼓勵人們鑽漏洞，韓非子則相信法律是有效治理的基礎。他提出了各種互相監

▲ 陰與陽，永遠對立，卻也同時互補和依賴的兩股力量，和女性及男性、黑暗與光明等主題相關，是中國神祕思想的中心。

控的系統，以及一個獎賞可取行為、懲罰不可取行為的政權，賞罰標準由統治者決定：「凡賞罰之必者，勸禁也。」[18]

中國當代作家查建英，就曾談及韓非子思想歷久不衰的重要性：「**在中國式的治國藝術中，如果外層是儒家思想，那內部核心就是法家思想**，直接一點來說，這就是中國國家永恆的黑暗之心。」[19]

這三個主要思想流派，儒家、道家、法家，和其他學派及學說統稱為諸子百家，在此後數千年的時間中，將會彼此競爭、互動，並影響中國的社會和統治。

中國西北方的強國秦國征服楚國後，才華洋溢的楚國詩人屈原（西元前三四三年～前二七八年）因為感慨故國，選擇投汨羅江自盡，傳說當地的漁夫曾試圖駕船拯救屈原，卻不幸失敗，因而將米飯丟入江中，以確保魚蝦不會吃掉屈原的屍體。直至今日，每年農曆的五月五日，華人都會划龍舟、吃粽子來紀念屈原，他的名字也成了忠心和愛國情操的代表詞。

西元前二四六年，十三歲的男孩嬴政成為秦王，而秦國就是那個征服楚國的強國。嬴政花了二十五年才消滅衰微的東周和其他國家，最終使這段混亂卻孕育豐富哲學思想的時期，暫時告一段落。

第三章

秦朝：大一統以治天下，二代而亡

西元前二二一年，嬴政自封秦始皇，皇帝的稱號先前都由神話中的政權和半神使用，如黃帝；在此之前，從來沒有單一統治者，能統一三百四十萬平方公里的廣大疆域。雖然秦朝的壽命幾乎撐不過創始者過世，澳洲漢學家白杰明（Geremie Barmé）仍認為：「帝國的野心和嚴刑峻法，自此在中國政治中如影隨形。」[1]

以武力征服天下後，秦始皇必須想辦法防禦外敵入侵，因此命令將近百萬的士兵和百姓，也就是其子民的五分之一，沿著帝國北境建造道路網、夯土城牆、烽火臺、瞭望臺，稱為「長城」，主要目的便是要對抗好戰的蠻族匈奴。

中國先前的習俗是由國家將土地分成采邑（編按：采音同蔡，古代君主或諸侯分給臣下或部將的領地），再分封給王室成員和大臣，周代便是如此，秦始皇擔心擁有封地的貴族謀反，遂將領土分成三十六個郡縣，後來更擴增為四十八個。**郡縣由共同的行政和軍事官僚體系管理，直接向秦始皇負責，秦朝因而成為第一個中央集權的大一統中國朝代**，首都設在今西安西北方的咸陽。

秦始皇還統一了貨幣制度，採用圓形的銅幣，中間有個方孔，自此成為中國貨幣的樣式，一直沿用至一九一一年。此外，他也統一了度量衡，甚至還統一車輪的

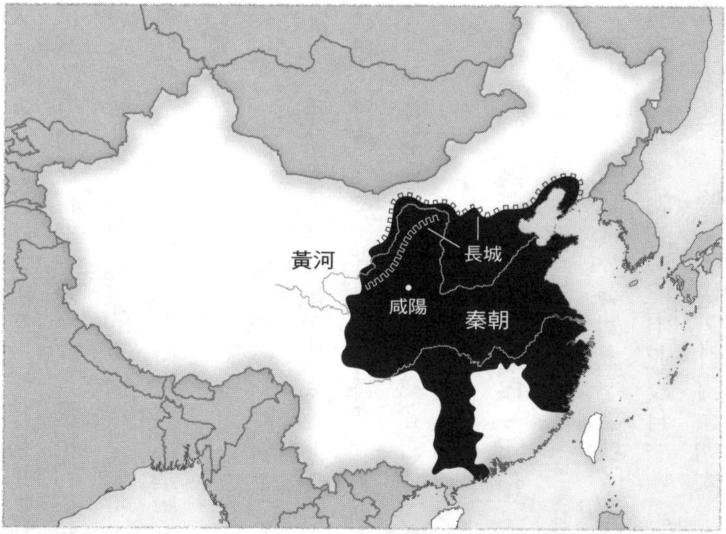

▲ 秦朝不僅維護現有的城牆，也將其和新建造的城牆連結，成為中國史上第一條「長城」，目的便是防禦北境。

寬度，這可說是一項創舉，因為在過去，會因道路上不同的車轍而造成危險和不便。

秦始皇偉大的遺產還包括統一文字。當時，就連最常見的中文字，在每個地方的寫法都不一樣，而且彼此之間並不通用，使秦朝傳遞政令和法律的能力受限，所以秦始皇下令統一文字，不僅成為有效統治的基礎，也促進了識字率。

此外，**秦始皇並不喜歡儒家行仁政那套，反而偏好法家嚴刑峻法的思想**，但秦國在戰國時期其實囚禁了韓非子本人，韓非子更在西元前二三三年被迫於獄中自盡，把他逼得自殺的，甚至很有可能是秦始皇的左右手、後來成為丞相的李斯（約西元前二八〇年～前二〇八年）。

將韓非子視為勁敵的李斯，是個狡猾殘暴的人。於西元前二一三年，有個士大夫批評秦始皇的決定，李斯竟然建議應師法西周時代和先前的歷史，運用極端的手段剷除異己：

「臣請史官非秦記皆燒之。非博士官所職，天下敢有藏詩、書、百家語者，悉詣守、尉雜燒之。有敢偶語詩書者棄市。以古非今者族。吏見知不舉者與同罪。令下三十日不燒，黥（編按：黥音同晴）為城旦。」[2]

幸好，醫藥、卜筮、種樹之書和《易經》，不在焚書之列，《詩經》、《論語》及其他經典也有一些抄本倖存。此外，根據司馬遷（約西元前一四五年～前八十六年）的記載，秦始皇還活埋了超過四百六十名學者，不過這個說法可能並不準確，因為秦朝的法律中並沒有活埋這項酷刑，而且司馬遷是在事件發生超過一百年後才進行記錄。不過，針對秦朝大舉迫害學者，特別是儒家這點，倒是沒有人有異議。

此後，秦朝成為專制的象徵，「焚書坑儒」[3]這個說法，在下一個朝代漢朝出現，代表專制政權對學術自由的侵害；五百年後，在田園詩人陶淵明著名的序言〈桃花源記〉中，就提到了一個世外仙境桃花源，居民的祖先便是因「避秦」來到此地，終於能夠安居樂業、與世隔絕。

一九五八年，中國共產黨主席毛澤東表示，把他的專制拿來和秦始皇相提並論，他欣然接受。他說：「秦始皇算什麼？他只坑了四百六十八個儒，我們坑了四萬六千個儒……你罵我們是秦始皇，不對，我們超過了秦始皇一百倍；罵我們是秦始皇，是獨裁者，我們一概承認。」[4]

張藝謀在二〇〇二年的電影《英雄》中，便精準的描繪出許多人今日對秦始皇抱持的矛盾心理。片中的無名英雄企圖刺殺秦始皇，但在最後一刻，他卻開始思索：天下一統，或許好過分裂和混亂，即便這代表專制。於是，他放棄了原先的計畫，不過秦始皇仍是處決了他。

二〇一九年，美國華裔物理學家陽陽．鄭（Yangyang Cheng）也曾提及：「要燒掉幾座圖書館、抹去多少想法，一個帝國才能從灰燼中描繪統一的幻想，並在不同的姓氏和語言間劃下界線，稱其為『天下』？」[5]

避秦的主題，在二十一世紀異議分子的文字中仍不斷出現。

秦始皇奪去封建貴族世襲的權力後，便和他們結下梁子，而他野心勃勃的各式建設，從長城到豪奢的陵墓，都需要大量的勞役和賦稅支持，導致民怨四起。現今人們還十分熟悉孟姜女的傳說，她是名新婚女子，婚後沒幾天丈夫便被抓去長城服勞役；冬天來臨時，孟姜女打包好冬衣，展開千里尋夫的旅程，但等到她抵達，丈夫已經過世。據說，孟姜女哭得又慘又久，甚至哭倒了丈夫埋骨的那段長城。

開國者再強大，也抵不過腐敗的風氣

西元前二一〇年，秦始皇在遊歷帝國期間過世，有些人懷疑他其實是遭到謀殺，畢竟過去便曾有過多次刺殺行動，但是，他也可能

▲ 秦始皇，中國史上第一個統一全國，自封皇帝的人，從此以統一和專制的形象流傳後世。

是因服用含汞的道教長生不老丹藥而中毒身亡。當時和秦始皇一同出行的李斯，擔心要是死訊傳回討厭他的皇太子扶蘇耳中，會招來殺身之禍，因此只將死訊告知隨行的秦始皇第十八子胡亥和幾名太監。

李斯無法相信任何人，據說為了守住秦始皇的死訊，他在皇帝的馬車前後安排裝滿魚的馬車，以掩蓋屍臭味，還偽造皇帝的密詔，命令皇太子自盡，並在回到咸陽後，扶植胡亥上位，是為秦二世。然而，新皇帝也不願受制於李斯，於是發動一場血腥的政變，李斯最終遭到處決，並誅連三族。

秦始皇在十三歲即位後，便下令修築陵墓，最後總共動用七十萬名工匠和工人，花了三十六年的時間，陵墓才修築完成；墓頂鑲著排成星圖的珍珠，地板則以帝國版圖的花紋裝飾，綴以水銀製作的河流。但是，要一直到一九七四年，一群農夫在鑿井時無心插柳，世人才知道在來生保衛秦始皇和其陵墓的，是由將近八千個仿真尺寸的兵俑和五百隻馬俑組成的地下軍隊。

司馬遷曾觀察到，**無論朝代的開國者多麼強大，一旦滲入腐敗的風氣，朝代就注定衰敗**，一個新的家族將會取而代之，直到自身的氣數也走到盡頭為止。

秦始皇過世時，人民對秦朝的嚴刑峻法及橫征暴斂（編按：巧立名目，強迫向

▲ 每個兵俑的特徵都不一樣，表示應是以真人為樣本製作，其他墓室中則藏有丑俑、14 面的石骰、銅鑄的水鳥。

人民收取重稅）已非常不滿，如司馬遷所說，當時的民變領袖陳勝，只需要「奮臂於大澤而天下響應者」（編按：在大澤鄉振臂一呼，應者雲集）[6]。

據說，盜賊闖進秦始皇的陵墓，搜刮、破壞其中的珍寶，秦朝的文件也都付之一炬，秦二世遭太監謀殺，秦三世（可能是二世的姪子、兄弟、叔叔或表親，司馬遷並不確定）在皇位上只坐了四十幾天，就向地方亭長出身、後來成為民變領袖的劉邦投降。**即便秦朝影響中國後世甚巨，其統治時間其實只有短短不**

到二十年。

在推翻秦朝之前，各方領袖就已同意分封天下，但劉邦決定和最初的盟友反目，秦朝滅亡隔年，劉邦最主要的對手就只剩西楚霸王項羽。劉邦統治中國西部，國號以現今四川附近的漢水為名，稱為「漢」，項羽則統治中國東部，詩人屈原的家鄉「楚」。

劉邦是個粗魯的農夫，但豪爽有魅力，相較之下，項羽雖是有教養的貴族，卻相當傲慢，脾氣也不好，兩人成為對手可說是絕配。有個民間故事說道，項羽曾抓來劉邦的父親，威脅要烹食他，劉邦聽聞只說：「分我一杯羹。」最終，有許多楚國軍隊背叛項羽加入劉邦，項羽身陷重圍，之後在堪稱中國歷史最著名的故事中，劉邦命令楚人唱起楚歌，因而有了「四面楚歌」這個成語，意為身陷重圍、孤立無援。

項羽最後只剩愛馬烏騅和愛人虞姬相伴，傳說他要放生烏騅時，烏騅不願離去，虞姬也不願拋棄項羽，並以他的佩劍自刎身亡，這個故事有許多版本，包括中國導演陳凱歌於一九九三年榮獲金棕櫚獎的電影《霸王別姬》。

出身低賤的劉邦，後來建立了中國史上最偉大的朝代——漢朝，是為漢高祖，在位時間為西元前二〇二年至前一九五年。他保留了許多秦代的法治機關，包括將社會變成彼此監視的單位，不過，同時也減輕秦代繁重的稅賦，放寬嚴苛的法令，並讓禁書得以再次流通。

漢朝的統治範圍最終比秦朝更廣大，包含朝鮮半島的一部分，以及現今緬甸和越南等地，並與西方的羅馬帝國互相輝映，同時也以學術成就、治理上的進步與科技創新流傳後世。不過在此之前，漢朝必須先度過中國史上最戲劇化、也最血腥的王位繼承之爭。

第四章

漢朝：陰謀、創新，和斷袖的故事

漢高祖劉邦和皇后呂后，在還是平民時就已結婚，兩人有個個性溫和的兒子劉盈。漢高祖某次在平亂時受了箭傷，原先打算派劉盈到戰場頂替自己的位置，呂后護子心切，竟親自上場指揮軍隊。

漢高祖遭年輕的嬪妃戚氏誘惑後，一切都變了樣，戚氏聲淚俱下請求漢高祖立兩人之子劉如意為太子。但呂后也不是省油的燈，漢高祖死後，呂后設法讓十五歲的劉盈登基，稱漢惠帝，自己則成為皇太后，大權在握，並將戚氏軟禁在後宮中。

年輕的惠帝懷疑母親的意圖，將劉如意留在身邊，某天他早起外出打獵，將同父異母的兄弟留在房中，呂后便乘機找人毒殺劉如意，並命侍衛砍斷戚氏的雙手和雙腳、挖去雙眼、割斷舌頭，再將她丟到茅房，和豬與排泄物為伍。

漢惠帝對母親的作為十分不齒，於是鎮日縱情床笫和美酒之中，拒絕統治國家，宣稱身為「非人」之子，已經沒資格治理天下，使呂后代替漢惠帝成為天下的實質治理者。

漢惠帝和嬪妃生下數名兒子，他在西元前一八八年病逝後，呂后讓其中一個孫子上位，然後殺了所有嬪妃，防止她們奪權。後來，呂后意識到新皇得知自己謀殺其母，便罷黜皇帝，改立另一個稚兒為帝。

呂后死後，朝廷另立漢高祖其他嬪妃所生之子為帝，並徹底剷除呂氏的勢力；此後，呂后便成為負面教材，警告皇帝給予女性太多權力的危險性，把這種情況稱為「牝雞司晨」[1]（編按：牝音同聘，母雞代公雞執行清晨報曉的鳴啼，指婦人專權）。即便如此，後世仍認為呂后統治的這段期間相對安定及繁榮。

西元前一四一年，漢朝的第五位皇帝漢武帝於十五歲登基，他雖然年輕，卻擁有遠大的野心，而且下定決心成為孔子所謂的明君。不過，即便加上孔子推崇的經典，像是《詩經》、《易經》、《禮記》，《論語》仍無法直接用來治國。

漢武帝鼓勵各種禮樂儀典，象徵統治者遵循孔子推崇的美德，例如平民在祖先牌位前擺放米飯和美酒等供品，皇帝就會以更豪奢的規模來紀念開國君王，肅穆的典禮上還會有樂師及舞者。其他儀典則是慶祝豐收或祭天，「天」指的是上天的秩序，是更高的權威，而天子本人正是由此獲得天命，得以統治天下。漢朝這種「獨尊儒術」的理念，在接下來的數百年間，還會持續演進。

西元前一二九年，漢武帝命令官員進行大規模的人口普查，這將為賦稅系統、徭役（編按：舊時官府指派成年男子義務性的勞役，包括修城、鋪路、防衛鄉里、戍守邊疆等工作）和徵兵制建立基礎，人口普查結果顯示，漢朝人口共有將近三千六百萬人，其中大約有二%居住於城市中。

漢武帝也頒布了許多政策以富國強兵，並**鬆綁國家對鹽鐵專賣的掌控，讓私人商家得以興盛**。他也擴展了周代以來的貨幣經濟，使得透過農業和工業致富的新興階級崛起。經濟穩定也讓漢朝能夠維持足夠的兵力，來處理內憂及外患。

匈奴持續威脅北境，漢朝在超過四百年間，持續維護及建造大約一萬公里的長城，將其西端延伸至今日甘肅附近。為了控制這麼大的疆域，漢朝的軍隊也發展出一套非常精密的系統，用來傳遞信號、保存紀錄、通關及維護治安，其中便包括監視北邊的沙漠，看看是否有馬或駱駝的足跡。

漢朝也想出了「和親」的辦法，也就是將公主當成新娘，送給遊牧民族的族長，以求取和平，還會加上慷慨的嫁妝，包括絲綢、美酒、稻米、銅錢。不過，這不能說是一個好辦法，對猶如遭到人口販賣的年輕公主來說尤其如此；但是，和親政策在後續數百年間，仍將不斷出現。

大多數前往和親的公主都相當孤單，如同劉細君公主在〈悲愁歌〉中所述：

吾家嫁我兮天一方，
遠託異國兮烏孫王。
穹廬為室兮旃為牆，
以肉為食兮酪為漿。
居常土思兮心內傷，
願為黃鵠兮歸故鄉。[2]

（編按：大漢王朝把我遠嫁，將我的終身託付給烏孫國的國王。從此，我住著以氈為牆的帳蓬，吃著牛、羊肉和奶酪。我十分傷感，老想著生我養我的故土。我多想變成一隻天鵝，飛回朝思暮想的故鄉。）

詩歌中提到的烏孫，是一支半游牧的印歐民族，另一名前往烏孫和親的公主劉解憂有名婢女馮嫽，也嫁給了一名烏孫將軍，馮嫽相當聰穎，擁有外交長才，烏孫甚至請她調停內部爭端。

當時的漢朝在位皇帝漢宣帝（西元前七十四年～前四十九年在位）大為讚賞，指派馮嫽為漢朝正式使節，使其成為中國史上第一名女使節。多虧了馮嫽，烏孫才會在西元前六十四年的政治危機中選擇和漢朝結盟，而非匈奴。

漢朝也發明了將外國王子留在宮中「當人質」的做法，以防其部族或國家造反。宮廷為這些王子提供豪奢的生活和教育，有時甚至還讓他們當官，其背後的目的是，等他們回到家鄉，就能成為漢朝的文化大使。

貿易和外交息息相關，漢朝的統治者會送禮給鄰近的國家和部族，包括絲綢、漆器、玉器等貴重物品，漢朝則會得到他們缺少的東西作為回報，例如馬匹。較小的國家以這種朝貢系統，承認漢朝以及後代中國朝代的霸主地位，同時也開啟了後續絲路和茶馬古道上的非正式貿易。這些貿易路線讓漢朝的首都長安，可以透過今日新疆地區的塔克拉瑪干沙漠，和中亞的各個王國及波斯交流。

無論男女，都能靠美色奪權

快速發展的漢朝需要優質能幹的官員，而當地官員推薦的人選通常都是貴族的子孫，因為他們容易被推舉為廉潔、有德行之人。朝廷需要的特殊才能也會被這樣子推薦，如軍事長才。而受推薦者會先接受考試，再決定他們在何處任官。

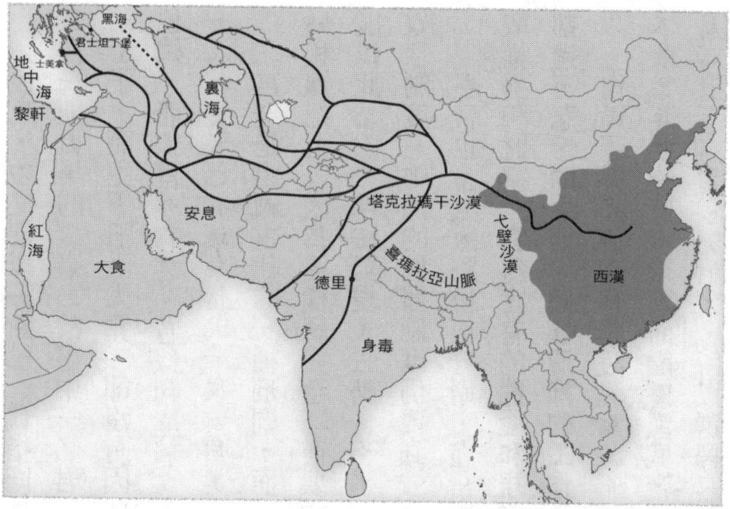

▲ 婆羅洲和朝鮮半島發現的漢代陶片，以及中國出現來自安息和更遠處的茉莉花、象牙、小黃瓜、芝麻，在在證明了當時貿易的興盛。

但是，這整個系統受到私相授受和各種弊端荼毒。在西元前七年，二十歲的漢哀帝即位，他雖然頗為聰明，卻很容易受人左右，讓腐敗的情況越演越烈。

最能左右漢哀帝的，是一名低階官員董賢，西元前二年，他甚至將董賢升為大司馬，統領所有軍隊。故事是這樣的，某天兩人在龍榻上午睡，董賢的頭正好枕在哀帝袍子的長袖上，這時有人來召哀帝進宮，為了不要打擾愛人，哀帝竟割斷袖子。

後來，中文便以「斷袖」代指同性戀。這個詞常常和「分桃」一起使用，分桃來自一則更早的故事，故事中一名君王的男寵，因為先吃了半顆桃子，剩下半顆留給王子，而犯下滔天大罪，卻沒有因此受到懲罰。司馬遷便曾觀察到：「非獨女以色媚，而士宦亦有之。昔以色幸者多矣。」[3]（編按：不僅女子用美色諂媚取寵，士人和宦者也有這種情況。從前用美色取得寵幸的人很多。）

宮刑是中國古代的一種刑罰，而太監可說是非常有用的僕人，特別是在監視皇后和嬪妃上，因為這樣就完全不需要懷疑子嗣的血統。一直到十世紀為止，主人都能以此為由，合法對僕人去勢。不過，即便歷史上有不少皇帝（包括漢朝）曾限制奴隸制度，中國的奴隸制度仍要到一九一〇年才正式廢除。

皇帝也會讓太監擔任守衛，在宮中戒備，有些貧窮的家庭會將兒子去勢，以求取權勢和財富。**對待宦官的態度和規定，在各個時期都不盡相同，但大多數的宦官都過著悲慘的生活，做著清掃的工作，只有少數能夠享有榮華富貴。**

司馬遷本人便因替李陵（編按：漢朝將領，奉漢武帝之命出征匈奴，最後因寡不敵眾兵敗投降）辯護而觸怒漢武帝，漢武帝給他兩個選擇：死刑或宮刑。司馬遷因為還沒寫完《史記》，所以選擇宮刑，他後來在〈報任少卿書〉（編按：司馬遷給其友任少卿的一封回信）中便提到：「人固有一死，死有重於泰山，或輕於鴻毛……且勇者不必死節，怯夫慕義，何處不勉焉！」[5]

而司馬遷四處遊歷、訪談、耙梳無數文獻，嘔心瀝血寫成的大作《史記》，至今仍是中國古代最宏偉、詳實，也最具影響力的著作。

漢哀帝在西元前一年病逝之前，指定傳位給董賢，但朝廷當然不可能如此安排；重臣王莽趁機發動政變，自封為新朝皇帝。王莽是個忠實的儒家信奉者，自稱繼承周公的精神，並認為「貪鄙」削弱了漢朝的社會和政治：「強者規田以千數，弱者曾無立錐之居。」[6]（編按：指弱者連插立錐尖的地方都沒有，與強者形成強烈對比）王莽的政策包括將土地收歸國有、重新分配，同時廢除奴隸制度，並對收成不到標準的地主、不願種樹的都市人及不願工作的百姓罰款。

掌權十四年後，王莽的新朝也難逃腐敗的命運，遊牧民族攻擊帝國邊境、內亂爆發、黃河氾濫，種種跡象都顯示王莽已失去天命。西元二十三年，擁護漢室的軍隊攻進王莽的宮殿，發現他和道士、僕人、三十九名妻妾躲在一起，一頭白髮染成黑色，軍隊隨後殺死王莽，肢解他的屍體，並吃下他的舌頭。

復興的漢室從長安遷都至東邊的雒陽（現為洛陽），因而王莽篡位前的漢朝稱

為西漢，之後的漢朝則稱為東漢。終於恢復秩序時，已有數百萬人死於戰亂、洪水、飢荒，這個數目大約是漢朝人口的一半，東漢的開國皇帝漢光武帝劉秀，之後將帶領漢朝重回顛峰。

一個創新的時代

兩漢出現了許多科學、科技、農業、工業上的創新，包括煉鐵。漢代士兵用的是鐵製武器，農夫也用鐵打造水車、犁、手推車、篩穀器，並採行輪作法，輪流種植大豆、蔬菜，以及大麥、小麥、小米、稻米等新石器時代以降的主食。

聰明的東漢宦官蔡倫（約西元六十二年～一二一年）把潮溼的桑樹皮、破布、麻及其他纖維壓平，發明了世界上第一種紙。**造紙術、指南針、印刷術，以及數百年後出現的火藥，並稱中國四大發明**。蔡倫後來涉入宮中陰謀，害死皇帝的祖母，但他不願下獄受辱，沐浴後穿上最好的絲袍，留下詩作並服毒自盡。

這段時期的發明，還包括地動儀和附有木人、透過敲鑼打鼓計算里程的記里鼓車。某個漢朝將軍曾用稻米製作了世界上最早的地形圖，漢朝天文家也曾繪製過星圖；漢代大夫華佗則運用烈酒和大麻，調製出麻醉藥「麻沸散」讓病人入睡，以便進行手術，據說，他也是中國第一本醫書的作者。

此外，根據四世紀的《華陽國志》，漢朝人甚至懂得怎麼用竹筒抽取及輸送天然氣：

「有火井，夜時光映上昭。民欲其火光，以家火投之，頃許，如雷聲，火焰出，通耀數十里。以竹筒盛其光藏之，可拽行終日不滅也。」[8]

漢朝的學者也在各領域留下了影響深遠的著作，包括音樂、藥學、針灸、天文學、數學，他們已經懂得使用平方根和立方根，也有了負數的概念。

社會逐漸邁向穩定繁榮，使得精英階級出現審美需求，漢代工匠在漆器和玉器的製作上有長足進步，開始使用鐵器及圓鑽，陶藝家在陶器上描繪神話和日常生活，藝術家繪製肖像畫、從事雕刻，包括銅雕等。

同時，墓葬習俗也越來越精緻，富人下葬時，可能會穿著有數千塊玉、以銀線或金線縫製而成的金縷玉衣，就連平民也有陪葬品，主要是他們來生需要的物品，

▲ 這個漢代陪葬品，以當時的中國院落建築為藍本，這種建築隨著時間經過，伴隨地區差異，也一路演變至二十一世紀。

例如沒有上釉的陶屋等。

漢代的方屋圍繞著中央的院落建造，家族越富有，連結的院落數量就越多，這樣的設計能夠容納橫跨數代的大家庭，當時認為無須外出工作的女性應該待在家中，因此，「內人」一詞可說由來已久。

班昭（約西元四十五年～一一七年）曾協助兄長班固編纂《漢書》，班固於西元九十二年過世後，皇帝命令班昭接續其任務續修《漢書》。班昭是中國史上第一位女性歷史學家，她在史學上的貢獻頗受肯定，包括考證先皇的母系族譜等。

儘管如此，她並非女性主義的先驅，班昭的著作《女誡》告誡女子應該守節，不必「辯口利辭」，並投身紡織、烹飪等「婦功」，簡單來說，《女誡》可說是協助《論語》，將其抽象的女子形象轉化為越發嚴格的行為準則[9]。

宦官與士大夫互看不順眼，釀成亂世

漢朝末年，士大夫和宦官之間的紛爭越演越烈，即便士大夫有時會因情勢和宦官結盟，多數人仍因宦官違反兩條儒家重要的孝道——一是身體髮膚，受之父母，二是宦官無法傳宗接代——而認為他們相當噁心。

宦官則透過販賣官職中飽私囊，破壞了士大夫按照品性往上升官的制度，有時宦官甚至還會直接撤換官員，以把職位轉賣給他人。漢朝的將領也很討厭宦官，因為他們也會販賣軍職，但是士大夫和軍人卻無法連成一線，使得漢朝政治一團烏煙瘴氣，也連帶影響到社會。

漢代末年，有錢的地主剝削農民的收成，卻免受懲罰，洪水和飢荒讓情況雪上加霜，導致漢朝境內爆發許多大型動亂，其中便包括由道教領袖張角發起的黃巾之亂（西元一八四年～一八五年）。

朝廷宦官暗殺了帶頭的將軍，還把他的頭顱插在首都的城門上示眾，軍隊的反應則是大舉屠殺宦官，混亂接踵而至，各地陸續出現獨立的王國，漢朝已無力統治大部分領土，包括長江以南絕大多數地區。

同時是軍閥、政治家、詩人，還是宦官收養之孫的曹操（西元一五五年～二二〇年），便在詩作〈蒿里行〉中描述了百姓的慘況：

……
萬姓以死亡。
白骨露於野，
千里無雞鳴。
生民百遺一，
念之斷人腸。[10]

中文有個說法，叫做「說曹操，曹操到」，其由來為西元一八九年，東漢的第十三位皇帝漢獻帝即位時年僅八歲，成了權力鬥爭中的人質，遭到一個又一個將軍挾持。西元一九二年，漢獻帝好不容易逃離凶殘的追兵，正準備寫信請求曹操援助，信差都還沒上馬，曹操的軍隊就已現身救駕。

有了皇帝當成傀儡，曹操開始統一中國之路，西元二〇八年，他終於消滅北方強勁的對手，並帶領大軍南下，中國史上最傳奇的戰役——赤壁之戰，於焉展開。

第五章

三國到隋朝：分久必合、合久必分的天下

羅貫中於十四世紀所寫的小說《三國演義》，背景設定在紛亂的東漢末年，小說的開頭已成了中國文學的經典：「話說天下大勢，分久必合，合久必分。」孟子所謂的治亂循環，可說是中國歷史一再出現的主題，這段始於曹操發兵南征的動盪年代，自此之後也不斷提醒後世大分裂的危機。

曹軍抵達長江之時，早已疲累不堪、疾病纏身、士氣低落、補給不足，南方的沼地拖垮了來自匈奴和其他北方遊牧民族的騎兵，而曹操最大的武器，便是先前的戰役投降加入的艦隊。

他的目標，是消滅最後兩個統治長江南方的敵人，東邊是由年輕的孫權統治的吳國，西邊包含現今四川地區的則是蜀漢，由漢室劉家的遠親劉備（西元一六一年～二二三年）統治，吳國和蜀國雖為對抗共同敵人結盟，彼此關係仍相當緊張。

和蜀吳聯軍發生小規模衝突後，曹操決定戰術性撤退，讓部下休息，他們用鎖鏈連接戰船，停泊在長江邊一個叫赤壁的地方。蜀吳聯軍的軍師周瑜精準計算了風向和風勢後，派遣一批小船航向曹操的艦隊，宣稱要歸降，逐漸靠近艦隊時，士兵動手放火燒掉裝滿易燃物的船隻，並搭上小舟返回。風勢將著火的船隻吹向曹操的連環艦隊，使他損失大量人馬，一些死於火勢中，一些則在逃竄時溺斃，火勢還蔓延到陸地上的營地，聯軍此時也趁機發動攻勢。曹軍落荒而逃，後方還有追兵。

赤壁之戰的地位非常傳奇，但也很難驗證是否所有細節皆屬史實，不過，有一點很確定的是：這場戰役預告了漢室的衰微。

赤壁之戰後不久，孫權試圖透過將妹妹許配給喪妻的劉備，鞏固蜀吳的聯盟關係。他的妹妹名叫孫尚香，也稱孫仁，據說是個勇猛的戰士，和男人相比毫不遜色，現今在流行文化中也非常受歡迎。

史家記載，孫尚香擁有「侍婢百餘人，皆親執刀侍立」，讓大她許多歲的丈夫劉備每次進房皆「衷心常凜凜」[1]（編按：指驚恐畏懼貌）。三年後，劉備外出征戰時，孫尚香便乘機回到兄長身邊。

起初就不信任孫尚香的人士中，包括孫子之後、中國史上最偉大的軍事家暨劉備的軍師——諸葛亮，他也發明了用來在前線輸送物資和傷患的「木牛」，並改良了遠射武器連弩。諸葛亮曾謙稱自己只是「苟全性命於亂世」[2]，而他還有另一項著名事蹟，就是開心迎娶了岳父口中相貌雖醜，但「才堪相配」的女子，可惜的是，諸葛亮夫人的名字並沒有流傳下來。

▲ 香港導演吳宇森在 2008 年和 2009 年的《赤壁》二部曲中，重新想像了這場著名戰役；即便許多長江周邊的城鎮都宣稱自家城鎮是當年的戰場，藉此吸引觀光客，赤壁之戰的確切地點至今依然無法確定。

劉備太器重諸葛亮，惹來另一位親近的將領關羽（約西元一六〇年～二二〇年）不悅，不過關羽如果發現自己死後四百多年竟能封神，成為「戰神」關公，應該會相當欣慰。

若說孔子是中國「文」的象徵，那麼關羽就代表軍事傳統的「武」。

關羽於二二〇年和曹軍作戰時被捕殺，一年後曹操也接著病逝。據說當時曹操頭痛，找來醫生華佗治病，這個故事有好幾種版本，其中一個版本說，華佗提議拿斧頭把曹操的腦袋劈開以處理感染，惹曹操不滿，總之，華佗最終遭到處決，曹操則在幾天後過世。曹操的詩詞和人品流芳百世，其政治和軍事成就亦然。

曹操曾留下指示，表示在他死後嬪妃和舞女都必須留在銅雀臺，照看他的墳墓，而且還要按照他活著的時候，日日送餐到床榻，並在每月十五日為賓客表演。曹操在他的著名詩作《短歌行》中便哀嘆道：

對酒當歌，人生幾何？
譬如朝露，去日苦多。[3]

曹操死後留下二十六個兒子，繼位者曹丕迫使這段時間都被當作傀儡的漢獻帝退位，漢朝正式滅亡。曹丕自封魏國皇帝，繼續對抗蜀國和吳國，

▲ 關羽又稱關公，形象相當陽剛，是個留著鬍子的紅臉大漢。

這段時期便稱三國時期。魏國最主要的成就，便是建立了中國史上第一部法典，這和曹丕本人對法學的喜好有關，另一項則是調整漢代的察舉制度，改為以客觀的標準選拔人才，不過即便如此，強大的世族仍能操弄整個系統，藉此獲取自身的利益。

西元二四〇年至二四九年，年幼的統治者曹芳統治期間，魏國的朝廷中有一群性格古怪、卻十分聰慧的學者，其中便包括攝政曹爽。這群學者將道教和其他神祕思想融入儒家，放蕩的行為、戲謔調侃、吸食迷幻藥五石散，都讓眾人為之驚駭，甚至引發醜聞，並惹怒曹芳的另一位攝政司馬懿，他最終於西元二四九年殺光曹氏一脈。

和這些奇人同個時代的，還有另一群稱為「竹林七賢」的獨立思想家，他們十分快活，不願與朝廷扯上關係，傳說他們會聚在竹林之中，酣觴賦詩、嘲諷時政。這群人厭惡服從儒家禮教、謙遜的美德，以及知識分子必須經世濟民的觀念，他們是天生的道家。

這些人也個個都是大酒鬼，其中最著名的便是劉伶（約西元二二一年～三〇〇年），後世的酒鬼甚至稱他為「酒仙」；某次，一群人前去拜訪劉伶，發現他竟在家中裸身豪飲，眾人相當震驚，劉伶則反駁：「我以天地為棟宇，屋室為褌衣。諸君何為入我褌中？」[5]

竹林七賢中的名人還有嵇康（西元二二三年～二六二年），他曾在〈與山巨源絕交書〉中，機智的表達自己對儒家經世濟民思想的不齒：

> 朝廷有法，自惟至熟，有必不堪者七，甚不可者二：
>
> 臥喜晚起，而當關呼之不置，一不堪也。抱琴行吟，弋釣草野，而吏卒守之，不得妄動，二不堪也。危坐一時，痺不得搖，性復多蝨，把搔無已，而當裹以章服，揖拜上官，三不堪也。素不便書，又不喜作書，而人間多事，堆案盈機，不相酬答，則犯教傷義，欲自勉強，則不能久，四不堪也。不喜弔喪，而人道以此為重，己為未見恕者所怨，至欲見中傷者，雖瞿然自責，然性不可化，欲降心順俗，則詭故不情，亦終不能獲無咎無譽如此，五不堪也。不喜俗人，而當與之共事，或賓客盈坐，鳴聲聒耳，囂塵臭處，千變百伎，在人目前，六不堪也。心不耐煩，而官事鞅掌，機務纏其心，世故繁其慮，七不堪也。
>
> 又每非湯武而薄周孔，在人間不止，此事會顯，世教所不容，此甚不可一也。

剛腸疾惡，輕肆直言，遇事便發，此甚不可二也。[6]

（編按：表達自己不適合當官，第二段提及七件他不能忍受的事，例如時時刻刻被官吏跟隨；第三段談及兩件自己不被世俗禮教接受的行為，例如常說輕視周公及孔子的話。）

三國時代雖僅持續七十多年，但這段時間留下來的人物、戰役、政治，永存於中國的國族想像中。《三國演義》的影響力遠大於其根據的三世紀史書《三國志》，啟發了數百年來的流行文化，從古典戲劇到當代電影、電視、創作，影響的範圍也不僅限於中國，而是擴大到全世界。

在二十一世紀，英語系玩家甚至可以玩到《全軍破敵：三國》（*Total War:*

▲ 嵇康是竹林七賢之一，七人大多彼此認識；此外，竹林七賢中的「竹林」，並非特指某一座竹林。

THREE KINGDOMS）這款遊戲，遊戲的宣傳標語為：「團結萬民一統中原，打造偉大王朝。」

戰亂中的奇人，女戰士和書法家

西元二八〇年，新的朝代晉朝統一三國，使得中國再次進入大一統時代，晉朝初年，竹林七賢的成員山濤接受了朝廷的職務，並詢問嵇康是否願意出仕協助，上述引文便是嵇康的回應。當時掌權的司馬昭非常生氣，以「非毀典謨」為由處決嵇康，這個理由類似於現今中共拿來對付異議人士和民運分子的「尋釁滋事」罪名；三千名太學生為嵇康辯護，請求開恩，但最後嵇康仍遭處決。

晉朝建立初數十年，旱災、蝗災、飢荒叢生，讓早已受百年戰禍荼毒的百姓，生活變得更加辛苦，在晉朝境內定居的數支遊牧民族趁亂而起，包括原始藏人、突厥人、南匈奴（編按：後稱蒙古人），占領帝國的邊境，在東邊的黃海和西南邊的四川，模仿中原人的形式，建立了獨立的王國。

戰事頻仍，軍隊亟需人力，強徵入伍因而相當常見，情況不好時，甚至連老人和小孩也無法倖免，一名叫花木蘭的女子，就是在這樣的背景下，女扮男裝頂替老父參軍。南征北討十二年後，由於表現優異，朝廷欲以官位獎賞她，卻遭她拒絕，當時一起出生入死的同袍後來看見她穿女裝時，無不震驚，至少六世紀的《木蘭詩》中是這樣寫的。

▲ 木蘭很可能是當時許多巾幗英雌的綜合體。

多數版本的木蘭故事，總會強調她的女性美德，還有勇氣及孝心，木蘭在衣錦還鄉後便奉命成親，但在一個十七世紀的版本中，木蘭和另一名女兵感情深厚，回鄉後隨即自盡，而非和男人成親。

至於迪士尼版的《花木蘭》（*Mulan*），在真實性和文化上都有大量的虛構成分，包括她是為北魏打仗，而北魏的統治者是鮮卑人，這使木蘭如某個評論家所點出：「比起漢人，更像胡人。」[7]

四世紀上半葉的戰爭，迫使將近百萬的難民南遷，也讓漢人文明的中心，首次轉移到長江下游的沃土[8]；在這批難民中，包括隨著晉室來到建康（今南京）的文官，這段時期稱為東晉。

農曆三月三日是上巳節，是黃帝的生日，當天要到河邊或溪邊野餐，象徵洗去疾病和厄運，而西元三五三年的上巳節，亦為中國文學和書法史留下無可抹滅的印記。

當時，共四十二名文人雅士，包括多名玄學家，齊聚會稽山陰的蘭亭遊樂，一起玩一個名為「曲水流觴」的喝酒遊戲，只要有酒杯流上岸，距離最近的人可以選擇飲酒或作詩。其中一名參與者王羲之，日後便在〈蘭亭集序〉一文中回憶了這次聚會，該文不僅以王羲之飄逸的書法聞名，其文風和敘說的情感亦然：

群賢畢至，少長咸集……一觴一詠，亦足以暢敘幽情。是日也，天朗氣清，惠風和暢。仰觀宇宙之大，俯察品類之盛……後之視今，亦猶今之視昔，悲夫！[9]

數百年後，據說唐太宗酷愛王羲之這篇短文，以至於留有遺詔，願與真跡一同下葬，幸好仍有臨摹本流傳於世。

一九六五年，中共學者、考古學家、時任中國科學院院長的郭沫若引發學界一片譁然，因為他宣稱〈蘭亭集序〉的字跡是在王羲之之後才出現，這個論述數十年後仍在中文媒體上流傳。漢學家李克曼曾在演講「中國對過去的態度」中提及這樁爭議，也提到了和歐洲留存的大量文物遺跡，如羅馬競技場相比，中國為何缺少這類遺跡：

「中國傳統三千五百年來，在變形和適應上所展現的強勁、創意、無限的能力，很可能源自這個文化從不讓自己受僵化的形式、靜止的事物限制，因為如此一來，將會面臨癱瘓和死亡的風險。」[10]

在這段艱困的時期，精英階級受詩歌和道家思想撫慰，佛教則安慰了更多人。佛教一開始在漢代從絲路傳入中國，到了六世紀，已在中國各地擁有許多信徒，光是長安就有超過一萬名和尚和尼姑。太監是最熱忱的信徒，他們受到來生的承諾撫慰，會將割下來的生殖器，也就是他們的「寶貝」，放在特殊的容器中，如此一來，在來生便能和其團圓。

在儒家思想中不被重視的女性，也欣然接受佛教信仰。針對哲學和信仰，中國

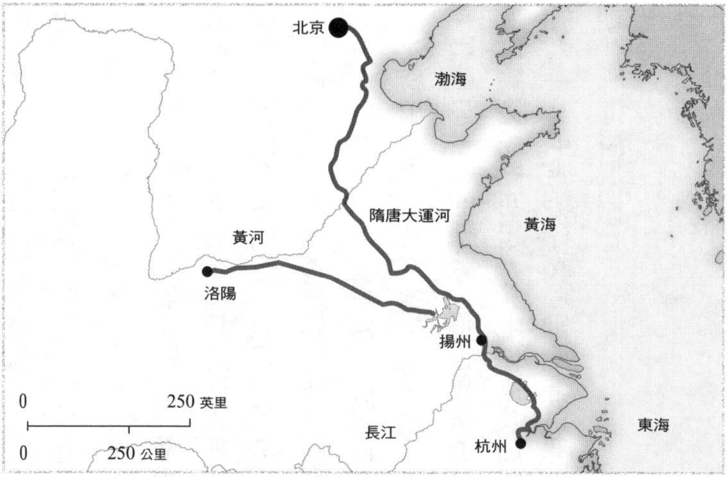

▲ 南北向的隋唐大運河是世界上最古老、最長的人造河，直至十九世紀中葉，貨物和旅客絡繹不絕。

社會正發展出多元實用的價值觀，一個嚴格的儒家信奉者，很可能同樣討厭佛教和道教，但他的妻子卻可能同時在向佛祖求子，並服用道教的丹藥幫助生育。

但是，再多的詩歌和祈求都救不了晉朝，**東晉最終於四二〇年滅亡**，針對後續那段更加動盪的時期，史家也有不同稱呼，包括五胡十六國、南北朝、六朝等，**陶淵明正是在這段亂世發想出「桃花源」的理想**，頗能在此烏托邦「避秦」。

五八九年，新朝代隋朝一

統南北，這段時期的成就包括大運河。大運河和與其並行的馳道，最終連結了北京和杭州，當年開鑿這條四十公尺寬的運河，總計動用五百萬名男女婦孺，最終只有三百萬人倖存。

隋朝將所有土地收歸國有，並根據人民耕種的能力分配；農民過世後，國家會收回土地、重新分配，以此防止能夠動搖中央統治的強大世族崛起。隋朝初年農業復甦、經濟穩定成長，但好景不常，第二任皇帝隋煬帝即位後，因其性喜豪奢，又不斷發動戰爭，因勞民傷財而日漸衰弱。

人口稠密的黃河流域由於土地開墾和荒漠化，洪災越來越嚴重，隋朝末年的一次嚴重水患，甚至讓黃河在英文中得到「中國之悲」（China's sorrow，引申自「中國患」）的稱號，這也象徵著隋朝已失去天命。

隨後民變四起，其中一位領袖便是隋代戍守北境、胡漢混血的將軍李淵。李淵於六一七年成功打敗隋朝，建立唐朝，於是這個中國史上最著名、也最兼容並蓄的朝代，即將展開。

第六章

唐朝：從盛世到長恨，最為奢華精緻的年代

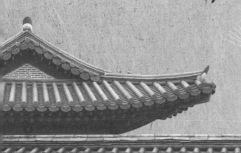

唐朝以前，婦女習慣在公共場所遮掩面容，新朝代建立不久後，就出現各式爭奇鬥豔的頭飾和髮型，除了頭飾越發精緻，化妝品在朝廷中的上流階級也越發流行，甚至出現異國風格，有錢人家也深受影響。

有一段時期，婦女甚至會把金箔、雲母、色紙或織品製成的花鈿貼在臉上，當作裝飾。唐代婦女的化妝品如此繁複，詩人王建甚至寫道：「歸到院中重洗面，金盆水裡潑紅泥。」[1]竟然連男性詩人都能對婦女在金盆中洗出的髒汙多有抱怨，這個時代想必非常有趣。

到了西元六六〇年，唐朝已平定北境，維持絲路暢通，影響力擴張到中亞，東邊則控制大部分的朝鮮半島，今日的越南河內也設有唐朝的節度使，不過，自五胡十六國時期即掌控大半中國西南邊的吐蕃，仍是潛在的軍事威脅。

唐代也採用和親政策，派遣文成公主和吐蕃贊普（編按：吐蕃帝國統治者的頭銜）松贊干布結婚，文成公主和松贊干布的另一名妻子赤尊公主，將佛教引進吐蕃，並和當地的泛靈信仰苯教結合，成為藏傳佛教。中共主張西藏自古屬於中國「不可分割的一部分」，其中一項重要佐證就是當年文成公主曾將中華文明以紙和其他形式傳播至西藏。

除了需要平定邊界外，定都歷史古都長安的唐朝，也必須面對各地世族對中央政權的挑戰；不像歐洲的世襲貴族，中國世族的影響力與血統、財富（包含土地）、教育和官職環環相扣，而且，由於世襲的財富讓後代更容易接受教育、獲得官職、積累財富，所以他們的身分也相對穩定。

唐朝建立前的動盪年代，讓整個行政系統混亂不堪。為了削弱當地世族的影響力，唐朝將全國分為十個道（行政區），後擴增為十五個道，並由中央派遣官員管理，包括從全國士人中挑選出來的文官。

理想上，這些官員不應和派任的地區有任何個人連結，這使他們能對抗來自當地世族的壓力。今日中國某些省分仍沿用唐代的名稱，意為「黃河北邊」的河北省即是一例。

唐代也頒布了新的律法，鉅細

▲ 唐代的仕女髮型相當精緻，眉毛畫成各種眉型，包括鴛鴦眉、五嶽眉、橫煙眉等，嘴唇也會塗上顏色或其他花樣。

靡遺的列出所有罪行和刑罰，刑罰從杖刑等酷刑，到流放至嚴酷的北境和充滿瘴癘的南方，乃至處決等。酷刑也是合法的逼供手段。

唐律是後代律法的基礎，同樣支持連坐法，若是犯下叛國罪，很有可能會誅連全家，不過在判處死刑前，法官必須先覆奏三次，每次須間隔一天，且「尚食勿進酒肉，內教坊及太常不舉樂」，以彰顯判決的嚴重性。

由儒家思想、士大夫為尊的道德觀所決定的社會地位，也會影響法律的執行，明代小說《水滸傳》中的著名段落，便生動描述了此般情形。出身低下的小販武大郎遭妻子潘金蓮及其情人兼幫凶西門慶謀殺，武大郎之弟武松為了復仇殺了兩人。法律可以饒恕武松殺了嫂子，但因為西門慶是名官員，所以武松仍必須受罰。

為了確保社會安定和稅收，唐朝保障每戶農家都會有大約十六．五英畝的土地，讓農民更有動力開墾荒地，稅收則是以莊稼、織品、協助運河及糧倉等公共建設的徭役支付，商賈和工匠也需要支付額外的稅收，如過路費等。

不過，此系統依賴精準的人口普查，而現代人口統計學家認為，唐朝的人口普查低估了移民、少數民族、僧侶、伶人、勞工、太監等人的人數，根據七五四年的人口普查，唐朝人口約為五千三百萬人，不過實際數字應該更接近六千五百萬至七千萬人[2]。

首都長安之內另有獨立的皇城，占地四．五平方公里，包括皇宮、政府機關、全國唯一可以批准死刑的刑部、發布國家命令的三省、接受人民請願與監察官員腐敗的御史臺。後來的朝代在建築安排和管理上，也都採用類似唐代的模式。

唐高祖死後，皇位由其子李世民繼承，即唐太宗，他雖為了皇位不惜謀殺兩名兄弟，使其統治初期腥風血雨，但唐太宗在位的六二六年至六四九年間，在在證明了他確實是個英明的皇帝，並透過調整行政機關，達到國泰民安。

唐太宗為自己找來了一群賢能的大臣，其中最重要的便是魏徵，魏徵是個忠心的士大夫，提供建議之餘也會進諫，可說是中國史上最著名的「諍友」，也就是不畏說出事實的忠心朋友。

魏徵過世時，唐太宗感慨道：「夫以銅為鏡，可以正衣冠；以古為鏡，可以知興替；以人為鏡，可以明得失。今魏徵殂逝，遂亡一鏡矣！」[3]

「比男性陰謀家打破更多先例」的武則天

西元六三七年，唐太宗三十九歲時，納十二歲的武則天為妃，唐太宗在十二年後過世，陪葬品據說包括王羲之的〈蘭亭集序〉原本和其他寶物。當時的習俗是皇帝死後，嬪妃都必須出家，終生為尼，這之中便包括已經二十四歲，聰穎、有教養又美麗的武則天。

新皇是太宗之子唐高宗，只比武則天大幾歲，他將武則天接回宮中，並立為皇后。高宗缺乏武則天的治理才能和對政治的興趣，於是逐漸把統治權交給了她，而武則天也沒讓眾人失望，治理手段像她丈夫的父親和祖父（唐太宗和唐高祖）一樣英明。唐高宗於西元六八四年去世後，兩人二十八歲的兒子李顯即位，是為唐中宗。

不到兩個月，武則天的手下就以勾結外戚為由罷黜唐中宗，改立中宗之弟李旦為帝，即唐睿宗，並由武則天攝政。六九〇年，**武則天廢唐建立「武周」**，在位時間達十四年（六九〇年～七〇五年），成為**中國史上唯一一位以自己的姓氏統治的女性**。

武則天也改革了科舉制度，以鞏固用人唯才的原則，規定科舉制度必須定期舉辦，並確保出身貧寒的考生也能參與，同時也堅持糊名（編按：用漿糊將考生姓名密封），以杜絕任何偏袒。科舉制度先前側重古代經典的知識，而在武則天主政期間，則轉為注重她認為能夠幫助治國的考科，如歷史和修辭；此外，她也相當重視公共建設，還聘請史家為著名的女性立傳。

武則天比較特別的成就，便是發明了十九個新字，包括把代表明亮的「明」，擺在表示空間的「空」上方，形成「曌」（曌音同照），象徵普照的光明和普世的啟蒙，武則天希望這個字能形容她對世界的貢獻。

受武則天贊助的佛教徒，則宣稱她是彌勒菩薩轉世，能夠聽見世間所有苦難，並提供慰藉。

二十世紀中葉著名作家林語堂，也曾提及武則天「比歷史上所有男性陰謀家還打破更多先例、帶來更多創

▲ 武則天大力支持佛教，因此其形象成了佛教中描繪女性菩薩的基礎。

新、引發更多混亂」[4]。

武則天的個人生活也成了讓朝廷上下為之震驚的醜聞，她有幾名情人，到了統治末期，腐敗也無可避免的生端，她從情人中提拔了一對兄弟至高位。但兩名愛人卻濫用權力，甚至殘殺敢批評他們的皇室成員。

七〇五年發生了一場政變，這對兄弟遭到誅殺，迫使她將皇位交還給唐中宗，天下再度回歸唐朝李氏統治。

五年後，唐中宗過世，據說是遭皇后毒殺，皇后又或許是受到武則天啟發，竟想立兩人的女兒為帝，在一陣腥風血雨的鬥爭後，唐睿宗重新取回統治權。

為了維持政權穩定，唐睿宗追封那些在武則天和中宗統治期間遭迫害者，並在兩年後的七一二年，將王位讓給兒子李隆基，是為唐玄宗。唐玄宗在位的四十年間，唐朝不僅是世界上人口最多的國家，這段期間也是中國史上的盛世，稱為「開元之治」。

在鼎盛時期，唐代首都長安是世界上最富有、知識最進步、藝術最發達、社會最生氣蓬勃的大都會，波斯人、日本人、天竺人（編按：天竺為印度舊稱）、中亞的粟特人……來自各地的訪客使繁榮的街道、酒樓、茶館、市場變得熙熙攘攘。

唐代的上流階級會玩波斯馬球、以天竺香料烹飪、隨中亞音樂起舞、著突厥人服裝，唐代仕女的時尚，也啟發了日本的和服及朝鮮的韓服，京都更是以長安為藍圖設計。此外，如同朝鮮人和越南人，日本人自此也在官方文件和某些形式的文學中採用漢字。

唐代在信仰上亦相當兼容並蓄，統治者李氏家族宣稱自己是老子的後裔，因而堅持科舉制度除了考儒家經典，也要考《道德經》。

佛教在唐代也融入中華文明的肌理，**深受佛教經典誤譯所苦的高僧玄奘，直接取道絲路，前往天竺取經，蒐集梵文原典**；六四五年，玄奘帶著五百二十箱佛經回到長安，並召集大批人才翻譯，在十八年內就翻譯完四分之一，剩下四分之三，則必須再花上六百年才會完成。

不過，對禪宗的信徒來說，佛經並不是那麼重要，這個宗派調和了道教以及可以追溯至五世紀的佛教傳統，拒絕研習經典，而是主張冥想開悟。

日本人非常熱愛禪宗，「禪」這個字便是從梵文的 dhyāna（禪那、禪定，冥想之意）而來。

死忠的儒家官員韓愈（七六八年～八二四年）得知朝廷計畫將佛骨（編按：佛

教祖師釋迦牟尼的遺骨）迎入宮中時非常生氣，於是上表〈論佛骨表〉。因為臣子不該教導皇帝，所以改用「提醒」的語氣來勸導。

韓愈在〈論佛骨表〉中，抨擊佛教是「夷狄之一法耳」（編按：意指未開化民族的法術），認為佛祖「不知君臣之義、父子之情」[5]，並引用孔子的名言「敬鬼神而遠之」[6]，表示他對皇帝竟然要將此朽穢之物迎至宮中，甚至「巫祝不先，桃茢不用」，連最基本的預防措施都不採取，實在非常失望。

韓愈非常厭惡佛教和道教，甚至在〈原道〉中呼籲：「人其人，火其書，廬其居。」（編按：把和尚、道士還俗為民，燒掉佛經道書，把佛寺、道觀變成平民的住宅。）

這場儒釋大戰還會持續許久，儒家思想自漢末以降便開始衰微，在自由的唐代影響力更是式微，韓愈的上書讓唐憲宗大為光火，將其貶至潮州。不過，韓愈要是看到唐代之後的宋代，是以他最熱愛、相當排外、擁有各式道德規範的儒家思想治國，一定會含笑九泉。

唐代詩歌盛世，皇帝也熱心支持藝術

寫詩的才華，包括在短時間內寫出來、為社交場合寫詩，以及寫得一手被譽為藝術最高形式的好書法，都是中國士大夫的重要資質。唐代則是史無前例的出現大量詩歌天才，詩人是當時的名流。他們的作品透過茶館和酒樓的歌者四處傳唱，某些愛好者甚至會將最愛的詩句刺在身上。十八世紀編纂的權威著作《全唐詩》，便收錄了唐代兩千名詩人近五萬首詩作。

唐代的詩歌常常會運用中文字的象形特色、韻律、意象。以下詩句即來自唐代詩人劉長卿的〈尋南溪常山道人隱居〉，描寫詩人前往山中住所尋找隱士，卻發現門前長滿野草的景象：

芳草閉閑門

這五個中文字按照順序代表香氣、野草、覆蓋、閒散、門，法國著名華裔學者程抱一（François Cheng）在《中國詩語言研究》（*Chinese Poetic Writing*）中，評及本句的末三字代表：

隨著詩人越來越接近隱士的住所，他心中的圖像也越來越連貫，越來越清晰，本句便以這幅圖像作為最後的高潮，一扇光裸的門，彷彿終於去除了所有不必要的事物。這個「去除」的連續過程，在更深的層次上，透過本句第三及第四字的意涵予以增強：「閉」包含代表才能和功績的「才」，「閑」則包含代表植物和修飾的「木」，象徵要到達真正的心靈平和，首先必須從世俗對外在功績及矯飾的擔憂中解放。[7]

上述例子在在顯示了中國詩歌傳統的博大精深，和其他相關的藝術，像是書法、繪畫、音樂相同，都需要映照及包含某種「氣」，這個概念囊括生命力、能量、韻律、呼吸。唐代的詩歌主題及其中抒發的情感包羅萬象，可以是玩樂、沉思、諷刺、愁緒、虔敬，甚至玩世不恭的心態，詩歌讚揚山中的春季、漁歌、松林微風吹起的衣擺，另一個常見的主題則是百姓的煩惱，包括徵兵等。

推崇男性情誼的唐代詩歌也比歌頌愛情的詩歌多，這在一個婚姻都是預先安排

好的時代並不令人意外；有許多詩歌會抒發朋友即將遠行任官，離別時的愁緒。

李白（七〇一年～七六二年）是最受歡迎的唐代詩人之一，他擁有突厥和漢人血統，身材魁梧、目光澄澈，詩作在大唐各地的酒樓傳唱不休，不管去到哪裡，仰慕者都會請李白吃飯喝酒，只為聽他吟詩。不過，李白仍非常嚮往擔任唐玄宗的幕僚，他在帝國各地漫遊，希望能夠找到願意推薦他入宮的官員。

李白寫過許多關於飲酒、鄉愁與友誼的詩，其中最受喜愛的〈將進酒〉中，便有這麼一句惆悵的詩句——天生我材必有用[8]。

唐代的著名詩人還包括薛濤（七六八年～八三一年），她是官員的女兒，受過教育，在父親死後賣藝維生。薛濤的詩作〈犬離主〉可說是集簡潔、機智、隱喻之大成的傑作：

馴擾朱門四五年，
毛香足淨主人憐。
無端咬著親情客，
不得紅絲毯上眠。[9]

唐玄宗非常支持各類藝術，甚至在宮中的梨園成立了史上第一座皇家戲曲學院，供戲子、歌手、樂師就讀，其中大部分是女性。今日的京劇戲曲班子也會以梨園代稱。不過京劇在後來更保守的年代，逐漸受到男性把持。而傳統上，演員在開演前會祭拜唐玄宗。唐玄宗本人也會作詩及作曲，包括一首表演時需要動用一百二十名持矛、全副武裝之舞者的戰曲。

一段戀情，賠上了一個帝國

唐玄宗六十歲時，和兒媳婦楊玉環陷入熱戀，後稱楊貴妃。據說她擁有絕世美貌。李白便曾在〈清平調・其二〉中，讚嘆連趙飛燕和楚王夢中的夢幻神女，都比不上楊貴妃的美麗[10]。著迷的皇帝喜歡在華清宮的溫泉欣賞楊貴妃沐浴，華清宮約位於長安以東四十公里，據說便是兩人的韻事展開之處。

楊貴妃深諳權術，很快成為前公公最愛的寵妃，並說服唐玄宗讓她的多名親戚任官，包括後來成為宰相的堂哥楊國忠。和李白齊名的詩人杜甫，便在描述一群穿金戴銀女子的〈麗人行〉一詩中，痛斥楊家的得勢和腐敗。

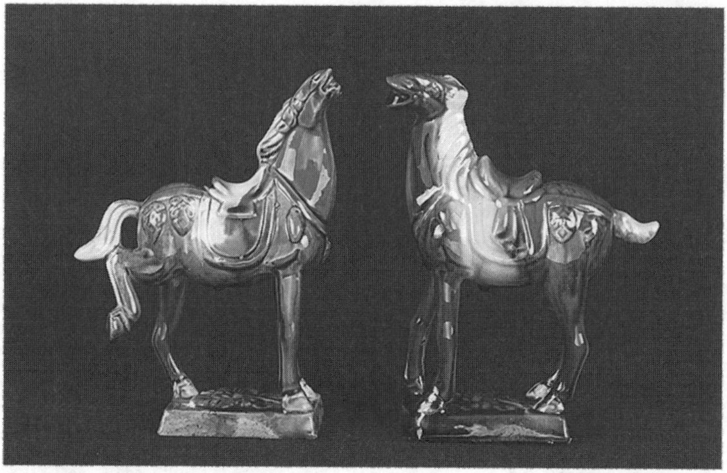

▲ 唐代最著名的藝術品包括以「三彩」——黃、綠、褐三色燒製而成的陶器，稱為唐三彩。

西元七四二年左右，李白終於以遠低於幕僚的宮廷詩人身分進宮，他在朝廷待了三年，其狂放的酒後行為，既惹怒、也逗笑了長安人。

不過，即便他曾在詩作中稱讚楊貴妃，兩人其實互有嫌隙。唐玄宗雖賞識李白的才能，但李白在朝中的敵人以及他衝動的行為，阻礙了他的仕途，最後李白自行離宮，也讓玄宗鬆了一口氣。

李白離宮一年後，另一位奇人來到宮中，那就是精通多國語言、粟特和突厥混血的安祿山（七〇三年～七五七年）。他一開始是軍官的奴隸，後來晉升為將軍。安祿山是個胖子，樂於在散發優越感的官人之間，扮演沒教養的野蠻人，因而獲得唐玄宗和楊貴妃寵愛；他也欣然接受嘲弄，包括讓楊貴妃把他打扮得像嬰兒一樣，私底下則不斷累積權力和影響力。

西元七五〇年左右，楊貴妃的堂哥、宰相楊國忠控訴安祿山意圖謀反，安祿山聲淚俱下反駁，成功說服唐玄宗相信他的忠心。

但楊國忠是對的，七五五年十二月，安祿山果然召集二十萬兵力、三萬匹戰馬的大軍，攻陷唐朝的東都洛陽，並於七五六年元旦自封大燕皇帝，隨後進軍長安，成功攻陷首都，唐玄宗和群臣倉皇出逃。

一行人來到馬嵬（編按：嵬音同危，位於陝西省）後，朝廷禁軍發動叛變，怪罪楊貴妃過度寵信安祿山，才會導致今日局面，他們先處決了楊國忠，接著由一名宦官以白綾勒斃楊貴妃，讓時年已七十二歲的唐玄宗柔腸寸斷。晚唐詩人白居易，也就是本書第二章用詩作諷刺老子的作者，也以這段歷史創作了史詩巨作〈長恨歌〉：

花鈿委地無人收，

翠翹金雀玉搔頭。
君王掩面救不得，
回看血淚相和流。[11]

安祿山的叛亂讓長達一百三十二年的和平畫下句點，杜甫一家便受安史之亂影響而被迫逃難，他的詩作〈彭衙行〉中便提到「卑枝成屋椽」、「癡女飢咬我」，以及「一旬半雷雨，泥濘相牽攀」時，小兒子雖然不清楚世事，仍然非常勇敢的模樣[12]。

悲痛欲絕的唐玄宗將王位傳給兒子李亨，即唐肅宗，肅宗集結了一支由漢人、中亞人、突厥人、大食人組成的軍隊來平定亂事。

安祿山最終是因自己的親生兒子垮臺，因為他患有眼疾，即將失明，所以脾氣暴躁，時常毆打太監，李豬兒便是其中一人。安祿山指定次子安慶恩繼位後，長子安慶緒深怕父親為了防止政變，會殺死自己，遂決定先下手為強，命李豬兒利用安祿山在黑暗中視力極差的弱點，在夜裡刺殺他。

兩年後，安祿山的好友史思明殺死安慶緒後稱帝。

唐朝從未完全從安史之亂中恢復，西元七六三年，唐朝重新奪回首都不久後，吐蕃軍隊再次攻陷長安，四處劫掠，吐蕃人和党項人也占據了大半四川和甘肅地區，党項人還建立了西夏國，使唐朝失去對絲路的控制。**西夏人則透過破壞唐朝國營的馬場，來削弱唐朝的騎兵勢力**；法國漢學家謝和耐（Jacques Gernet）曾研究馬匹在唐朝扮演的角色，他指出，**唐朝此後無力再取得良馬，是其滅亡的主因，而這也同樣成為宋朝的致命弱點**[13]。

大唐帝國開始崩毀，不僅朝鮮的新羅宣布獨立，中國西南邊的少數民族也建立了大理國（九三七年至一二五三年）。

唐末沒有幾名皇帝的統治時間超過十年，不過即便中國北方動亂頻繁，南方仍相當富庶，盛產絲綢、茶葉、鹽，還研發出新的稻米種植技術，不僅讓收成更好，也讓農民的收入更加穩定。我們可以從廣東話看出，中國南方文明在這段期間的蓬勃發展，今日的廣東人不像北方人稱自己是漢人，而是比較喜歡稱自己為唐人，西方的中國城最早也是由廣東移民建立，現今仍稱為唐人街。

八八一年，黃巢的叛軍襲捲長安，皇帝再度出逃，唐代官員韋莊親眼見證城破慘況，並記錄在詩作〈秦婦吟〉中：「家家流血如泉湧，處處冤聲聲動地。」[14]

長安此後再也不被當成帝都，唐朝則繼續苟延殘喘了二十七年，直到九〇七年滅亡，中國歷史正式進入五代十國時期。

九六〇年，後周軍隊正準備回到首都開封保護幼帝周恭帝，夜幕降臨，眾人紮營休息，到了夜半時分，將軍趙匡胤驚醒，看見手下齊聚，拔劍立於營帳周圍，要求他從周恭帝手中奪下皇位，並拿出代表皇帝的黃袍，趙匡胤原先怒不可抑，但礙於壓力仍是穿上黃袍，宋朝就這麼在「陳橋兵變」之中誕生。

第七章

宋朝：儒學的復興、社會主義的先驅

陳橋兵變後，趙匡胤認知到軍權的威脅，他雖然同意手下的要求，卻也要求他們報以絕對的服從，並下令不准傷害周恭帝、後周皇室及首都的百姓。趙匡胤成為宋太祖（九六〇年～九七六年在位）後，採行「強幹弱枝」的政策，限制軍權，擴大文官的權力。而在統一國土的過程中，他也偏好先和敵國交涉，交涉失敗再威脅敵方，盡可能避免直接衝突，這類非暴力的政策，在宋代初年效果非常好。

九七九年，最後一個敵國向宋朝投降後，宋朝的王位已傳給趙匡胤之弟趙匡義，是為宋太宗（九七六年～九九七年在位），據說可能是他下手謀害趙匡胤，否則王位理應傳給太祖之子才對[1]，這段故事史稱「燭影斧聲」。

宋太宗試圖收復部分唐朝過往的邊境，但遭到激烈抵抗，包括吐蕃人、中國西南邊的少數民族、以及來自長城東北方的遊牧民族契丹人。契丹人於西元九一六年建立遼朝，併吞今日河北省的大半地區，並定都上京（今北京）。即便宋朝的疆域比唐朝還小，大約等於當年秦朝的疆域，但其人口成長到一億人，比唐朝多了至少三千萬人[2]。

西元一〇〇四年，宋太宗之子宋真宗（西元九九七年至一〇二二年在位）與契丹談和，協議的內容包括**每年付給遼朝大量的歲幣**，這**為宋代帶來了超過一百年的和平**，但只是相對而言如此罷了，因為吐蕃人從未停止騷擾邊境。此外，即便位於今雲南省的大理和宋朝維持友好，東北方的女真人也正要崛起，總之，宋朝的和平主義及對臣服者的慷慨，仍然維持不錯的效果。

宋朝第四位皇帝宋仁宗統治期間，王安石（一〇二一年～一〇八六年）躍上歷史舞臺，林語堂曾這麼形容王安石：

是個古怪的人，思想和個性都相當特別，他是個勤勉的學生，雖然語言學造詣相當糟糕，整體還是個好學者，而且無庸置疑是宋代的大詩人。不幸的是，他雖有救世主般的使命感，卻極度缺乏能力，而且也無法和自己之外的任何人相處。

據說王安石性不善緣飾，經歲不洗沐，衣服雖弊，亦不浣濯。因相約：每一、兩月，即相率洗沐。定力院家，各更出新衣，為荊公番，號「拆洗」。出浴見新衣輒服之，亦不問所從來也。[3]

（編按：第二段出自宋朝葉夢得的《石林燕語》，描述為了讓王安石洗澡，他的朋友必須約他一起沐浴，並趁機把他的髒衣服調包成乾淨的，而王安石亦不疑有他，直接穿上。）

王安石還有另一個詼諧的故事：「一日，賞花釣魚宴，內侍各以金楪盛釣餌藥置幾上，安石食之盡。」

王安石曾擔任地方官員數十年，他觀察到世族是如何透過累積的大量資產，剝削佃農，他不明白富人憑什麼能夠享有特權；此外，他還發現富人精於逃稅，使得稅賦的重擔落在最無法負擔的百姓身上。儒家的道德原則和儀典無法解決這些問題，只有法家的做法能落實社會正義和平等。

王安石在呈給宋仁宗的萬言書中表示，應該要封堵富人逃稅的漏洞，如此便能為國家的行政提供資金，百姓付出勞役，例如建造和修補長城，也能獲得報酬。

此外，民間盛辦婚喪儀式的奢靡之風使低階官員之間產生競爭心理，而他們微薄的薪俸往往難以負擔豪奢的禮儀支出，從而將官員引向貪汙受賄的歧途。因此，奢侈的婚喪儀式應被禁止，同時也要提升低階官員的俸祿。國家還應該向佃農提供更低廉的借貸，並建立義倉和其他保障制度，從而助農。

王安石也提出保甲制度，十戶為一甲，十甲為一保，作為治安、收稅、執法的單位，這個和共同守望、監控、集體責任有關的概念，至今仍持續影響中國的政策和社會組織，如中共無所不在的社區居民委員會便是一例。

繼承韓愈儒家道統的理學家，不僅非常不滿王安石的理念，也相當不能接受他的行為舉止和生活習慣，王安石批評士大夫雖滿腹詩書，卻缺乏專業技能，尤其讓他們大為光火。但和宋仁宗在位時期相同，王安石也非常受宋朝的第六位皇帝、二十歲的宋神宗（一〇六七年～一〇八五年在位）器重，有了皇帝的熱忱支持，王安石著手草擬能夠實踐其理念的新法。

其幼子哲宗（一〇八五年～一一〇〇年在位）於次年即位。王安石的政敵自此掌權攝政，迫使王安石辭官，最終浩浩蕩蕩二十年的變法落下帷幕。在此過程中，朝中官僚程序上拖拖拉拉，其實早就破壞了王安石大部分的政策，王安石不久後便去世。

然而，宋哲宗掌權後，卻命令王安石的徒弟繼續進行改革，下一任皇帝宋徽宗（一一〇〇年～一一二六年在位）也持續支持，直到舊黨再度把持朝政為止。

史家至今對王安石的人品和理念依然有所爭論，王安石是否走在時代的尖端，甚至可能是毛澤東心中的社會主義先驅？還是說，他是不切實際的夢想家？或是油嘴滑舌的說客？無論如何，王安石都是一個相當獨特的政治家，他留下的政治遺產包括許多公益事業，例如福田院、居養院、安濟坊、太學、漏澤園及義倉（編按：前三項為救濟窮民、施醫贈藥之場所，漏澤園是為貧困無依的人設立的埋葬地）。

女真勢力崛起，北宋黨爭紛亂、無力抵抗

朝廷中保守的士大夫是最後的贏家，宋代的理學家完成了始於漢代的儒學轉型，使其成為國家的意識形態。他們崇拜神話中的皇帝堯、舜、周公，並強調包括皇帝在內的所有人都必須遵循禮教。這些儀典不僅傳播了儒家的規範，也鞏固了社會階級，甚至連鄉村中的射箭比賽，也必須遵循相應的儀典。

朱熹（一一三〇年～一二〇〇年）是這段時期最具影響力的理學家，他熟讀道教和佛教經典，也從這些宗教傳統中獲得啟發。在朱熹的觀點中，宇宙中的能量「氣」，也就是金、木、水、火、土，和「理」共存，所謂的理則是融合了儒學中的禮節和正道。

朱熹和孟子相同，相信人性本善，透過合宜的行為和培養，所有人都可以發展

出高貴的品格，也同樣認為身為君子，在國君腐敗或行為不檢時，有起身反抗、勸諫的義務。

一一九五年，當時的宰相將朱熹的學說斥為「偽學」，並禁止所有認同者任官，史稱慶元黨禁，朱熹不久便過世。但在數十年之後，朱熹的學說重獲朝廷重視，並成為官方思想，他協助編纂的儒家經典四書五經，包括《論語》、孟子的著作、《詩經》、《易經》、《禮記》等，都成了科舉試題的基礎。

激烈的黨爭讓宋朝皇帝焦頭爛額，因此無暇顧及北方的風暴：女真人建立的金朝正蓄勢待發。一一二二年，宋朝和金朝結盟，組成聯軍攻打遼朝，並協議瓜分遼朝的土地。

一一二五年，金朝攻下遼朝，過程中卻沒有得到宋朝太多幫助，因此要求可觀的銀兩和絲綢，作為交換遼朝領土的代價。兩年後，金朝進攻宋朝首都開封，即便宋軍擁有唐代發明的火藥武器，例如「霹靂炮」（編按：聲音巨大的榴彈），仍無法阻止金兵入侵，開封城破，史稱靖康之變。

女真人將宋欽宗、宋徽宗及近三千名朝廷成員擄至北方，並姦淫朝中嬪妃，還將契丹女性獻給宋朝皇子，以報契丹人姦淫女真女性之仇。

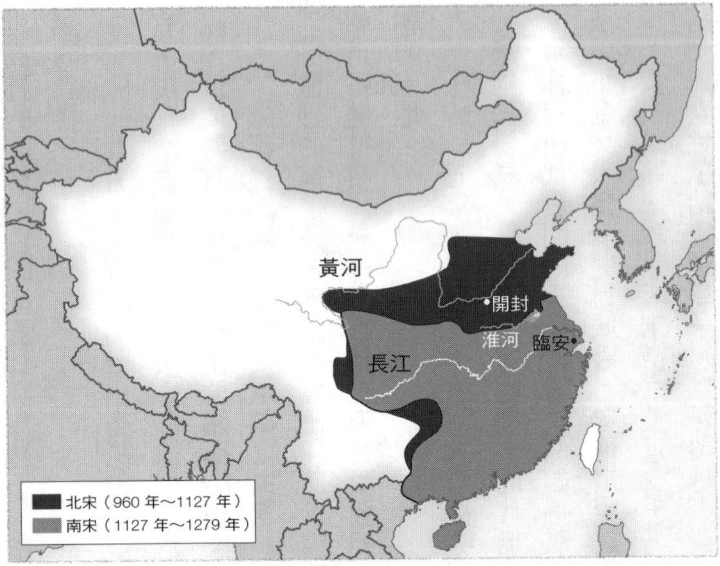

▲ 在南宋期間，長江南部在中國史上首次成為政治及文化中心。

宋室的繼承人趙構逃往南方的臨安（今杭州）稱帝，是為宋高宗。先前那段期間即稱為北宋，而南宋的疆域比北宋更小，因為失去淮河北方所有的領土。

岳飛是南宋最忠心的將軍，一一二二年，年方十九的他就曾隨軍北伐遼朝，岳飛不僅勇猛，也熟讀孫子的《孫子兵法》，可謂智勇雙全。據說，他也發明了鷹爪功，就是在一九七八年的電影《蛇形刁手》中敵人使的那套功夫。

一一三〇年，地方宗教

領袖鍾相起兵造反，四處燒毀市場及寺廟，屠殺學者、僧侶及地主，後來遭到另一名盜匪楊么推翻，持續作亂。一一三五年，岳飛運用戰略、赦免、賄賂、突擊等手段，終於平定亂事，朝廷因而賜他封號，不過岳飛並不想要榮譽，只想要發兵北上，從金朝手中奪回宋朝的領土，但當時宋高宗正和金朝議和，因而拒絕了岳飛。

一一三八年，宋金議和失敗，岳飛終於可以準備發兵北上，此時，權臣秦檜竟控他叛國，在審訊過程中，岳飛脫去衣物，讓所有人一睹**中國史上最著名的刺青——刻在他背上的「精忠報國」四字**。

這個故事的真偽，後世已無從驗證，因為有關岳飛最早的紀錄，是其孫子所著的傳記，但此故事的重要性，在於後來被視為愛國主義的經典表現。

將近三個世紀後，開封的猶太人要向朝廷證明他們的忠心時，也將這四個字刻在記載民族歷史的石碑上。

在現代流行文化中，對這段故事也有各種描繪，包括融入孝心的京劇《岳母刺字》，據說毛澤東在一九六〇年初次觀賞這齣京劇時，還激動到跳起來鼓掌[4]。

但是，岳飛的敵人無動於衷，在一一四二年於獄中處決岳飛，金朝聽到這個消息雀躍不已，不久後便迫使宋朝簽下恥辱的條約，向金稱臣。

南宋富庶、城市化的例證——清明上河圖

即便紛爭不斷，南宋仍極為繁榮。史無前例的事蹟是，一一二三年時，南宋的九千萬人口中，有一五%居住在全世界人口最多的大城市——南宋精心管理的雄偉首都臨安。

由於臨安的木造建築無法防禦火災，因而衍生出一套細膩的消防系統，掌握防火到偵測火災等步驟，措施包括信號旗和消防衣，家家戶戶也會建造石塔，以保存珍貴的財產。國家是臨安最大的地主，在節慶或百姓需要時，像是荒年或天災襲擊，就會減租或免租。

而失去北方，代表絲路已中斷，宋朝於是轉向海洋，漢代發明的指南針和唐代發明的艙壁，都帶來很大的幫助。艙壁能將船隻的艙室分成防水的獨立隔間，所以即便船身某處破損，也不會整艘船沉沒，可說是航海技術劃時代的發展。

宋朝逐漸成為強大的海上霸權，港口都市廣州的街上，馬來人、波斯人、印度人、大食人（阿拉伯帝國）、交趾人（越南）、高棉人（柬埔寨）、婆羅人（印尼）可說摩肩接踵、絡繹不絕[6]。

宋代也孕育了許多創新科技，如品質優良的鐵促成水力的創新，包括水車、水鐘、灌溉技術、磨坊等，農業也因引進早熟稻和栽種各式蔬果而蓬勃發展，光是荔枝就有三十二種品種。

宋代的上流階級也比唐代更都市化且偏重藝術，文人雅士熱切收藏各式美玉、錢幣、繪畫，以及來自長江三角洲太湖的大型裝飾石頭，他們會將其擺在花園及庭園中。古典園林耦園則坐落於臨安附近的運河城市平江（今蘇州），可說是中國庭園的顛峰，今日屬於聯合國教科文組織認證的世界遺產。

此外，宋詞在中國的詩歌傳統中，也和唐詩齊名，而官方和民間出資成立的學校和藏書樓，包括私塾和國子監等，也讓宋朝的識字率出現前所未有的激增；而雕版印刷術的發明，促使印刷成本降低，也有推波助瀾之效。

所有事物都有相關專著，從養蠶、養魚、種植菊花、甲殼類動物的習性、製茶技術等無所不有，也有建築和天文手冊，以及外國地理和風俗相關的著作，製圖家製作地圖的精準度也達到史無前例的精確。

宋朝在數學、醫學、藥學上，也有長足進步，國家的資助促進了牙科、喉科、婦產科、針灸及中藥的發展，甚至**出現世界上第一部鑑識醫學專著**，詳細記載如何驗屍、掘墓、辨識不同刀傷、判定死亡時間、判斷自殺和謀殺的方法，**宋代的大夫也已經了解感染的原理，並具備精神疾病的概念**。

當時稱為金石學的考古學也相當受歡迎，商代銅器的發現，讓史家和收藏家都相當興奮，藝術家和偽造者也蠢蠢欲動[7]。這段時期的史家，同樣渴望留下卷帙浩繁的大作，司馬光的《資治通鑑》即是一例，涵蓋時間從西元前四〇三年至九五九年，成為後代史家的典範。

宋代通俗文學也相當興盛，說書人以俠義、鬼怪、愛情、犯罪、神話和歷史故事，搏得市井小民乃至朝廷官員的歡心，赤壁之戰便是其中最熱門的題材。放不下身段的理學家們則對此不屑一顧，他們推崇古經舊典，並透過便宜的印刷本子來傳播己論。

長五．二五公尺、寬二十五．五公分，以單色墨水繪製在絲綢上的〈清明上河圖〉，為十二世紀宋代的城市生活提供了獨特的觀點，據說，此圖為畫家張擇端所繪，「清明」可能為清明節之意，也可能單純指平和。

在其中一個場景中，橋上的人群一邊吃著向攤販買來的點心，一邊看著馬背上的騎士和乘轎的人爭論誰先通過，另一群人則在協助船伕固定漂走的小舟；街上數

▲〈清明上河圖〉栩栩如生的描繪了某座城市的熱鬧街景，算命師、侍衛、和尚、道士、讀書人、勞工、僕從和兒童，在街上熙來攘往。

層樓高的餐館、家具店、玩具店、葬儀社等商店林立，工匠、理髮師、郎中辛勤招攬生意。

崩毀的城牆之外，一列駱駝商隊經過，更外圍則是剛灌溉完的田地和農舍，所有細節都栩栩如生。

畫中出現的少數幾名女子，則是在轎子或船上，還有一人在溪邊浣衣，理學思想將女性禁錮於家中，而越來越普遍的纏足習俗——透過包裹越來越緊的布料，摧毀足部的骨骼，將年輕女子的腳變成蹄狀——更進一步限制了女性的行動。

纏足的起源不詳，據說是在唐末，某個皇帝和前來表演的舞者墜入愛河，舞者當時是在六尺高的金蓮狀平臺上表演，有些人認為這名舞者天生就腳小，其他人則表示她以白布纏足，象徵新月。

這種審美觀從宮中傳至民間，且演變得更為殘忍，纏足成為戀物癖的類型之一，古代的情色作品便曾描述男子舔舐纏足，並以放在女鞋中的小杯喝酒。只有最貧窮的女性，也就是務農的女性，才有辦法承受不遵從習俗的恥辱，當時纏足已成為女子美德的象徵，特別是在漢人之間。

朱熹等理學家相當贊同纏足，將其視為限制女性移動的手段，因為他們認為女性天生便很淫蕩。如果說唐朝對女性來說，是個相對自由的年代，可以戀愛和再婚，也不會違反社會風俗，而且女性的才學也受到讚揚，那宋朝就是在向女性宣布：好玩的派對已經結束了。

但宋代其實不乏擁有才學的女性，李清照（一〇八四年～一一五五年）便是其一，她在十七歲時便成為著名詩人，也是中國史上最偉大的作家之一。她和丈夫趙明誠擁有一棟傳

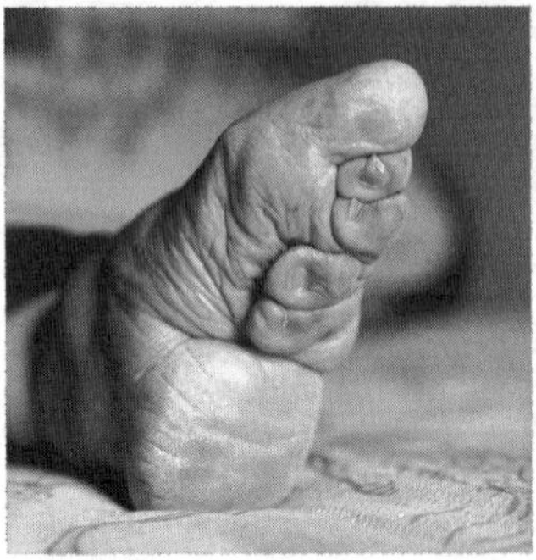

▲ 到了十一世紀末，對漢人女性來說，纏足已是必備，想達到最理想的三寸金蓮，女性必須在年幼便開始纏足，不僅非常痛苦，還將導致無法行走。

奇藏書樓，兩人會在其中飲酒賦詩自娛。一一二五年，金兵入侵，兩人被迫逃離，匆忙打包珍貴的藏書，最後只有兩冊倖存，李清照稱其「愛惜如護頭目」。

李清照的忠肝義膽不輸岳飛，她創作了許多豪放雄邁的愛國詩歌，要求宋朝對抗金人、重整河山。李清照在丈夫死後不久就與他人再婚，在當時封建壓迫的社會氛圍中，寡婦再婚引起一片譁然。而不願破壞她高潔形象的史家，只在史書上寥寥幾筆略過此事。

即便李清照的作品只有極少數留傳下來，仍常收錄進教材中，流行歌曲也會引用，在新冠肺炎爆發期間，李清照的詩句「生當作人傑，死亦為鬼雄」，還成為社群網站的迷因，以感念抗疫前線的醫護人員[8]。

〈清明上河圖〉和宋代許多畫作中注重細節的寫實主義，反映了理學思想中「理」的精神。不過，其他宋代畫家則運用直覺式的表達，將宋朝繪畫帶到新的高度，並在過程中創造出新穎的圖像語言，弔詭的是，這也要歸功於理學，因為理學認為君子不應過度炫技。

這個概念在宋代的山水畫中表達得淋漓盡致。山水畫結合繪畫、詩歌、書法，畫面上常常會直接出現書法題的詩，目的便是要捕捉風景詩意的本質，並探討虛實

▲ 南宋畫家夏珪的畫作。中國山水畫有很多不同的詮釋角度，人物在風景前常常顯得十分渺小。

之間的關係。

宋代著名詩人蘇東坡（一〇三七年～一一〇一年）便曾論及山水畫先驅、唐代詩人暨畫家王維（六九九年～七五九年），說道：「味摩詰之詩，詩中有畫；觀摩詰之畫，畫中有詩。」[9]

蘇東坡本名蘇軾，是名理學家，在王安石得寵主張變法時，大力反對其改革，因而遭到革職並歸隱「東坡」一地。某天，蘇軾來到據說是古代赤壁之戰的戰場，突然領悟這場千古戰役已不留一絲痕跡，如同生命的無常與短暫，啟發他寫下〈念奴嬌．赤壁懷古〉。

現在看來，這闋詞似乎也預示了盛極一時的大宋王朝即將衰亡：

大江東去，浪淘盡、千古風流人物。
故壘西邊，人道是、三國周郎赤壁。
亂石穿空，驚濤拍岸，捲起千堆雪。
江山如畫，一時多少豪傑。
遙想公瑾當年，小喬初嫁了，雄姿英發。
羽扇綸巾，談笑處、檣櫓灰飛煙滅。
故國神遊，多情應笑我，早生華髮。
人間如夢，一尊還酹江月。[10]

金朝將宋朝趕至南邊，掌控了北方的煤礦和鐵礦，還從宋人那邊學習了先進的冶鐵技術，卻在無意之間將鐵器賣給北方草原的遊牧民族，其中便包括勇猛的騎兵蒙古人，蒙古人因而用鐵取代獸角和骨頭製成的箭鏃，並開始鑄造劍和鎧甲[11]。一百五十年後，在成吉思汗的帶領之下，蒙古騎兵的鐵蹄踏平了南方的金朝和宋朝。

第八章

元朝：以馬上取天下，
不可以馬上治

成吉思汗（一一六二年～一二二七年）曾說過：「人生最大之樂，即在勝敵、逐敵、奪其所有，見其最親之人以淚洗面，乘其馬，納其妻女也。」

一二一五年，成吉思汗領軍夷平金朝首都，展開一連串「光榮屠殺」，滿街屍橫遍野、血流成河，根據人口普查的紀錄，金朝的家戶數量從一二〇七年的八百四十一萬，降到一二三六年的一百一十萬，顯示蒙古征服金朝的過程中，可能殘殺了將近八分之七的人口。

成吉思汗的契丹謀士耶律楚材曾表示，即便燒殺擄掠非常令人享受，如果成吉思汗留下百姓活口，並加以徵稅，會獲得更多好處。如同博學的和尚暨風水師劉秉忠對成吉思汗之孫忽必烈（一二一五年～一二九四年）所說：「以馬上取天下，不可以馬上治。」

忽必烈掌管蒙古帝國的中國地區，有幸擁有許多優秀的謀士，也有足夠的智慧傾聽他們的意見，其中一位便是其母唆魯禾帖尼（約一一九〇年～一二五二年），某位波斯學者甚至表示，要是他再遇上另一名和唆魯禾帖尼一樣的女性，他就承認女性比男性優秀。

一二三二年起，唆魯禾帖尼負責統治部分中國北部地區，因此，針對如何統治定居的農業民族，她擁有相當寶貴的經驗，也將經驗與兒子忽必烈共享。

一二七一年，忽必烈正式建立元朝，「元」取自《易經》，代表「大哉乾元」之義（編按：乾卦為天德的象徵，「元」又為乾德之始，故以「乾元」代表天德的基始）。這是中國史上第一個並非以開國者出生地命名的朝代[1]，且其他非漢族建立的朝代，包括金朝在內，都不曾統治過如此廣大的疆域。

元朝在金朝和遼朝先前首都的廢墟附近，建立了白牆環繞的首都大都，此後除了幾段短暫的過渡期外，這個位於現今北京的城市，都會是中國的帝都。

當英國詩人撒姆爾・泰勒・柯立芝（Samuel Taylor Coleridge）在詩中提及「忽必烈汗於上都／下令建造富麗堂皇的穹頂宮殿」時，指的則是忽必烈的陪都（編按：首都之外另立的都城），位於今內蒙古的上都。

上都由劉秉忠設計，他也肩負了設計大都的任務，點綴紫禁城的宮殿群，就位於大都的南北向中軸上，如此一來，坐在皇位上的皇帝，就能成為朝廷和帝國的北極星。皇位本身則位在三層同心圓城牆之內，包括紫禁城，和擁有庭園、供應宮中需求的工坊、皇室成員居所的皇城，以及大都本身，分別象徵著天、地、人。

大都的街道，包含寬度足以讓九乘馬車並行的大道，一路到狹窄的胡同；胡同兩字似乎源自蒙古語，代表擁有水井的小巷。道路沿著城市的中軸縱橫交錯，呈棋盤式設計，象徵和平、穩定、繁榮。漢代首都雒陽和唐代首都長安也按照類似的原則設計，但大都可謂登峰造極之作。

元代和唐代相同，是國際貿易和交流非常鼎盛的時代，一二七四年、一二七五年左右，剛成年的威尼斯人馬可・波羅（Marco Polo）和商人父親來到大都。當時歐洲人稱中國為「Cathay」，便是來自「契丹」一字。

馬可・波羅對大都和忽必烈的宮殿大為讚嘆，稱其為「史上最宏偉之宮殿」，擁有大理石階梯、金碧輝煌的牆面，可以容納六千名賓客的宴會廳。馬可・波羅認為此建築「如此廣闊、如此奢華、如此美麗，地球上沒人能超越這樣的設計」[2]。他也非常崇拜忽必烈，甚至開始學習蒙古話，並留在朝中任官。

歐洲中世紀城鎮無法匹敵的人間天堂——杭州

忽必烈之母唆魯禾帖尼是基督教聶斯托留派（Nestorian）教徒，其妻子察必皇后則是相當精明的謀士兼時裝設計師，她設計的帽子和袍子影響蒙古服飾數百年；而察必皇后也是個虔誠的藏傳佛教徒，曾建議他修復藏區的古寺和浮屠。

在母親和妻子的引導下，忽必烈的帝國歡迎所有宗教和種族，其孫鐵穆耳甚至還接待了教廷的使節——方濟會修士若望・孟高維諾（John of Montecorvino）。他在大都建立了兩座天主教堂；而且，據說在其拜訪中國的期間，他曾為超過一萬名蒙古人施洗。

忽必烈也建造了孔廟和國子監，迄今依然屹立不搖，除此之外，在一三一三年，他還興建了藏書閣。忽必烈亦辛勤的在聖壇舉行儒家儀典，敬拜日月天地，並在宮殿西邊種植芝麻、豆類、瓜類和稻米，獻給地祇神。

此外，他也深知祖父成吉思汗征服中國的過程相當血腥，且漢人長期將蒙古人和其他遊牧民族視為蠻族，除了少數幾個例外，像是耶律楚材，忽必烈也無法信任曾在宋朝或金朝任官的士大

▲ 成吉思汗之孫忽必烈通曉中國傳統和文化，也予以尊重，但仍不信任中國的漢人。

夫，其中也包括漢化的契丹人、女真人及朝鮮人。

他把這些人排除在行政體系的最高層級（如財政和稅務）之外，高級官員也改為世襲，由蒙古人擔任，其他擁有特權的官位則由粟特人、波斯人、阿拉伯人、馬可·波羅這類歐洲人。另外，比起南方漢人，他們也更加信任北方漢人。

這類政策有效摧毀了漢代建立、以科舉為基礎的選材制度，此制度在數百年來經過多次調整，用以決定帝國各處的官員派任，並根據功績在朝中升官，許多漢人士大夫看見朝廷由幾乎不識字的蒙古人掌控，都感到相當不滿。

元朝聘為稅官的阿拉伯人、波斯人、中亞人、藏人喇嘛，以腐敗、貪婪、強取豪奪著稱，有一名喇嘛甚至盜取南宋皇陵。當大都的漢人王著以銅錘砸死眾人唾棄的宰相阿合馬時，全城無不歡欣鼓舞；在王著遭處決後，忽必烈才得知來龍去脈，在王著死後還他一個清白。

雪上加霜的是，元朝的法律對漢人的刑罰比蒙古人還重，漢人殺死蒙古人要償命，蒙古人殺死漢人卻只須罰款。受過教育卻無法任官的漢人，以戲曲創作發洩不滿，包括關漢卿的《竇娥冤》，其實就是直白的政治寓言。元代後來以戲曲盛世著稱，戲曲也從精英階級的消遣成為大眾娛樂，諷刺蒙古人和其外國僕人的歌曲和文學作品流傳甚廣。

即便士大夫命運越發多舛，中國南方仍相當興盛，杭州人口數突破五十萬，加上周邊區域則超過一百萬。由於位在京杭大運河的終點，且鄰近東海，此地逐漸成為國內和國際貿易的中心。杭州商人以中國織品、瓷器、茶葉及貴金屬，交易香水、香、香料、象牙及水晶，範圍遠至印度及非洲[3]，杭州也擁有專門鍍金、裁縫、製作蠟燭的街道，商店販賣的商品亦包羅萬象。

唐代的富人會以現金和銀兩跟仲介兌換飛錢，飛錢可以用來購物，商家再跟仲介換回現金；**元代則發明了紙鈔，比歐洲最早出現的紙幣還早了數百年**。順帶一提，現今中國的貨幣單位「元」，原先是寫作「圓」，代表圓形，指的是傳統的硬幣形狀，和元朝的「元」無關。

由於元朝有近半的稅收都仰賴富庶的南方，忽必烈派遣馬可．波羅前往杭州查核財政。他來到杭州後，發現其美麗和富庶令人屏息，深深著迷於優雅的運河和橋梁、美麗的湖泊，以及百姓的整潔、其身著的柔順絲袍，加上大眾的教養和好客。馬可．波羅還觀察到杭州的街道是以石板及磚塊鋪設，即便天氣潮溼仍能行走，他也相當欣賞湖上精雕細琢的遊船。

在精緻文化和物質層面上，中世紀歐洲城鎮根本無法和杭州匹敵，根據記述杭州城市生活的作家吳自牧在《夢粱錄》中所述，杭州的米鋪「其米有數等，如早米、晚米、新破礱、冬舂、上色白米、中色白米、紅蓮子、黃芒、上稈、粳米、糯米、箭子米、黃秈米、蒸米、紅米、黃米、陳米」，魚販品項繁多，包括「江魚、石首、鯖魚、時魚、鯧魚、鰻魚、鰣魚、鯽魚、白鰷魚、白蟹、河蟹、河蝦、田雞等物」，生活圍繞著城市的酒肆、餐廳和麵館展開，總計提供超過六百道名菜，包括香燉豬肚、乳炊羊、假爊鴨、蜜炙鵪子[4]。乞丐、小販、騙徒、扒手、雜技演員、雜耍師、花魁、妓女，都想從此般繁榮中分一杯羹。許多商家也會聘請女子來陪伴顧客聊天，或是提供正式的娛樂節目，男子則是在媒妁之婚外，從「賣笑」的女子身上尋求刺激和風流。

勇敢的南方女子黃道婆（約一二四五年～一三三〇年），便逃離了不幸的婚姻及殘酷的夫家，登上前往海南島的船隻，她從當地的黎族人那裡學會紡織技術，包括軋棉（編按：分開棉花纖維和種子）、紡紗、編織、染色，並在多年後回到家鄉江蘇，教導當地的女子，同時發明了更先進的軋棉機、擁有三個踏板的織布機及其他紡織機器。江蘇迄今仍是中國紡織重鎮，都是她的功勞。在上海，便有一座寺廟

▲ 馬可・波羅將杭州稱為世界上最壯麗的人間天堂。

專門紀念黃道婆。

這段期間，為了回應蒙古這個大帝國的需求和其提供的機會，出國的中國人數量也來到前所未有的高峰，不管是因私人或官方理由。到了十四世紀，漢人已在世界各地建立社群，包括莫斯科、日本、越南，以及後來成為新加坡的島嶼[5]。

來自中國的水利工程師，協助底格里斯河和幼發拉底河盆地的灌溉工程，波斯這段時期的袖珍畫、瓷磚、建築也反映了中國的影響，而中國的雕版印刷術也傳至歐洲的某些地區。

一二四一年，**蒙古在匈牙利的蒂薩河之戰（Battle of Mohi）中，將南宋覆**

亡前夕、軍隊所使用的火藥傳入歐洲，永遠改變了人類的戰爭史[6]。

據說，成吉思汗臨終前的遺言是：「我的子孫將會穿著錦衣玉袍、吃著上等肉類、騎著上好坐騎、懷中摟著最美麗的女子，而他們會忘卻這一切要感謝誰。」[7]傳說中，大都的建設開始時，翻開第一抔土便露出一窩紅蟲，這讓城市設計師劉秉忠非常不安，將其視為元朝未來命運的凶兆。

一二九四年，忽必烈過世，不久後腐敗、鬥爭、叛亂又捲土重來，一三六八年，元朝在將近七十年的統治中，就換了八名皇帝，賦稅壓得百姓喘不過氣、通貨膨脹使紙幣變成廢紙，而黃河又再次潰堤。

此外，腺鼠疫（據說源自現為吉爾吉斯共和國的地區）也在一三三一年襲捲中國，加劇了洪災、蝗災、飢荒帶來的苦難。

根據記載，這些天災消滅了華中某些地區九〇%的人口，不過，這可能只是一種誇飾，表示極大量的人數。作為參照，同樣的疾病殺死了歐洲將近半數的人口，在當地則是稱為「黑死病」。

天下動盪，民亂四起，某些動亂由走私鹽商和海盜領導，還有人自稱是佛祖轉世。來自南方的農人兼和尚朱元璋（一三二八年～一三九八年）則帶領一支稱為

「紅巾軍」的軍隊，於一三六八年攻破大都，有如紅蟲，迫使元朝的最後一位皇帝元順帝北逃。

最後，朱元璋夷平馬可．波羅嚮往的宏偉城市，建立代表「光明」的明朝。

第九章

明朝：從輝煌到衰落

明太祖朱元璋（一三六八年～一三九八年在位），年號「洪武」，和忽必烈相比，他不信任士大夫的程度可說有過之而無不及，不過他的原因和忽必烈不同，是因為士大夫比他受過更多教育，而且通常來自更高的社會階級，有些還很自負。

在明太祖的朝廷中，沒有諍友的容身之地，他雖遵守儒家儀典，卻禁止對他不利的儒家經典流通，例如孟子支持推翻昏君的思想。明太祖非常害怕自己的權威受到挑戰，同時又對批評非常敏感，因此，有數萬名士大夫和將軍，包括曾經的盟友，都因貪腐或叛國等罪行遭到處決。

明太祖對士大夫的敵意，促使他在登基十二年後，廢除宰相的職位，集文武大權於一身，即便明朝國祚將近三百年，但明太祖把皇帝置於決策中心的想法，使這個朝代不斷受無能統治和地方貪腐摧殘。

將蒙古人一路趕到西伯利亞後，明太祖時期的疆域和歐洲大陸差不多大，定都於南方的應天（今南京）；同時，受到唐代將廣大的領土劃分為行政區啟發，明太祖也將整個國家重新劃分為十五個省，今日中國多數省分的邊界劃分，都能追溯至明代。

明太祖還召集了大批勞工修築道路、運河、水壩，同時修復及興建了將近四萬一千座水庫，此外，由於其母死於飢荒，防範飢荒成了明太祖施政的第一要務。他把可耕地當作獎勵，賜給願意遷徙到人口稀少地區的百姓，命令其種植果樹，包括養蠶用的桑葉等。明太祖在位期間，總計種植十億棵樹，五千萬棵位在應天附近[1]，其中某些木材用於造船，因為明朝的海上野心相當強大。一三九三年，明朝人口突破七千萬人，進入國泰民安的時代。

明太祖制定的法律嚴懲貪腐的官員，高級官員如果犯罪，處決後還會遭到剝皮示眾；此外，明太祖也謹記唐代寵信楊貴妃親信的教訓，因而禁止所有皇后和嬪妃的親人在朝中任官。同時，他也試圖限制宮中的鋪張浪費，將官宴的菜色限制在四菜一湯，現代中國的領導人，包括鄧小平和習近平，也在他們發動的運動中採用同樣的口號，抨擊官員的浪費。

明太祖對宦官也有所防範，了解他們做出如此重大的犧牲，最大的補償便是在朝中搜刮油水，因此，為了降低宦官干涉朝政的可能性，他禁止宦官接受教育，並下令任何宦官若干涉政治，一率處死，宦官的工作就是保護後宮和「清掃」[2]。

然而，由於宦官也負責禁軍和錦衣衛的招募，他們依然有很多和皇帝接觸的機會，能夠伺機要脅、累積影響力，**即便明太祖想方設法要控制宦官，宦官最後仍導致了明朝的衰亡**。

明太祖的皇后和嬪妃總共生下二十六個兒子，二十四人成功存活，還有十六名女兒，他派不同的兒子統治不同地區，廢除唐代以降的獨立文官系統。一三七〇年，明太祖派十歲的四子朱棣前往大都的廢墟，還有一名信任的將軍隨行，目的便是要重建元朝的舊都，使其成為防範蒙古人入侵的要塞。朱棣天資聰穎、野心勃勃，個性和父親相像，因此，在年紀最大的兄長死後，他預期自己將成為太子。

一三九八年，明太祖過世，三十八歲的朱棣已經準備好統治大明帝國。然而，明太祖卻指定將王位傳給太子文弱的長子，二十一歲的朱允炆，稱明惠帝（一三九八年～一四〇二年在位），朱棣得知後勃然大怒，明惠帝還決意要將地方的統治權交還給文官系統，下令叔伯交出權力，不從者便會遭到監禁。

朱棣帶領五萬精兵南征時，明惠帝登基甚至不到一年；三年後，在一四〇二年，朱棣將姪子的皇宮夷為平地，明惠帝就此失蹤，史稱靖難之變。不過，也有些人認為他成功脫逃，餘生出家成為和尚。這場政變導致數萬人喪生，包括惠帝的大臣方孝孺，他因拒絕新皇的統治而遭處凌遲極刑，並誅連十族，約有八百七十人因而喪命[3]。

朱棣登基成為明成祖，年號「永樂」，他將首都遷回舊都大都，改名為北京，同時也以慷慨的補償，讓剩餘的兄弟交出兵權。

遷都到北京是一回事，還得強迫朝廷離開南方舒適、溫暖又精緻的生活，遷移到寒冷又荒涼的北方，這又是另一道難題。明成祖於是命令軍隊、罪犯及農人一同開墾新都附近的荒地，種植小米、小麥、大麥、高粱，再加上蕪菁、蘿蔔、甘藍等能在艱困環境生長的蔬菜，並聘請畫家及詩人，和他們的同儕宣揚北方之美。

數百人組成的大量運輸船隊，沿著剛修復的京杭大運河，從杭州運送營造新都所需的資源，包括建造紫禁城所需的木材，此後有二十四位皇帝和兩個朝代把紫禁城當作皇宮，包括明朝及後繼的清朝。明成祖也下令繼續修建元代荒廢的長城，以阻擋蒙古和其他外族入侵，並用更堅固的石頭和磚塊，取代漢代的夯土。

一四二一年，明成祖以奢華的典禮宣布新都正式啟用。

▲ 明成祖熱愛壯觀的場面，其隨從包括數千名為他歌功頌德的樂師。

明成祖還在南京聘請超過兩千名學者，編纂包含各種知識的《永樂大典》，完成時共有兩萬兩千九百三十七章，計一萬一千零九十五冊，對於和明太祖一樣跟士大夫關係緊張的明成祖來說，這不僅能確保其統治的合法性，也是控制士大夫的手段，因為多管閒事的人就得找點事做。編纂此書的目的，並非促進、保存、傳播知識，而是為了鞏固現有的知識，使其能夠更容易運用在統治中。[4]

北方的遊牧民族仍持續騷擾首都，明成祖本人就曾為保衛邊境，御駕親征五次，將女真人趕回黑龍江北方，他的軍隊也曾占領安南（今越南），直到安南人於一四二七年再次將其驅逐為止。此外，為了籠絡藏人，明成祖也信仰藏傳佛教，並資助其興建寺廟，地點包括兩國的邊境，此舉除了為了籠絡之外，也有標示領土之意。

鄭和下西洋，比哥倫布早上半世紀

勇敢的宦官將軍鄭和（一三七一年～一四三三年）最初的幾趟冒險，也獲得了明成祖的資助。**鄭和是來自西南部雲南的穆斯林，總計帶領七次遠征**，每趟都會出

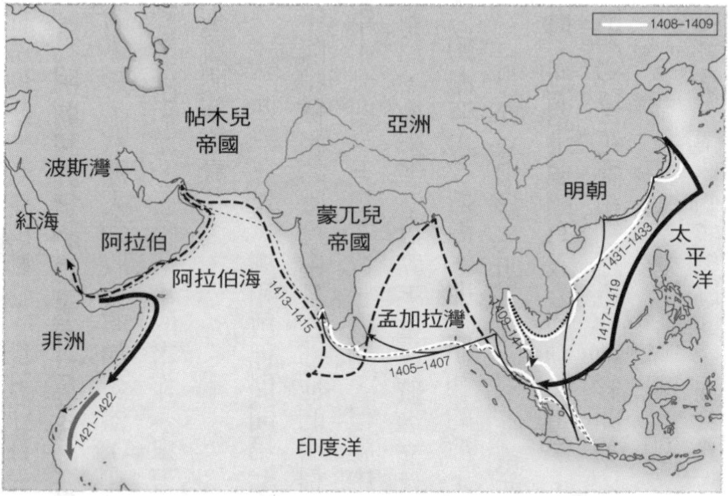

▲ 機智又勇敢的外交官兼探險家鄭和曾 7 次遠征，比克里斯多福·哥倫布（Christopher Columbus）還早了超過半世紀。

動數十艘戎克船（編按：一種中國古帆船）和數萬名水手。鄭和的艦隊不僅鎮壓了東海的海盜，還以明朝使節的身分，遠行至波斯灣、非洲東岸、阿拉伯南方海岸，可說代表了大明的自信和實力。他也會替朝廷要求外國納貢，因此得到不少奇珍異寶，包括日本的寶劍、斯里蘭卡和印度的鑽石，以及非洲的黃金[6]。

探險隊在遠征途中也蒐集了許多有用知識並留下紀錄，像是一四三四年的《西洋番國志》；他們也帶著外國的禮物歸來，包括一隻長頸鹿，朝中的諂媚者堅稱這便是傳說中的麒麟，即孔子認為唯有仁君在位時才會出現的瑞獸。

明朝和其貨物也享有世界級的名聲，像是有錢的埃及人會身著中國絲綢製作的罩衫，歐洲人則收集明朝瓷器；在義大利宮廷畫師安德烈亞．曼特尼亞（Andrea Mantegna）一五〇〇年的畫作〈東方三博士〉（*Adoration of the Magi*）中，便出現來自明朝的青花瓷。

一四三三年，鄭和啟程展開第七次，也是最後一次遠征。此時，明成祖已在九年前和韃靼的戰役中身亡，他的旅程是由明成祖二十六歲的孫子明宣宗（一四二五年～一四三五年在位）資助，但朝中的士大夫始終對宦官抱有敵意，曾抱怨遠征的開銷，後來甚至以弄丟重要航海文件為由，阻礙後續遠征[7]。下個世紀，東海和南海的海盜再次肆虐，即便明朝的海上貿易依然興盛，卻不曾再有遠征。

明宣宗相當英明，甚至下令重新審理罪案，讓數千名無辜百姓獲釋。順帶一提，他還是個頗有天分的動物畫家；在他統治的十年期間，明朝以江西景德鎮官窯出產的青花瓷和銅紅色的釉彩聞名。

不過，明宣宗違背了曾祖父明太祖對宦官教育的限制，甚至在宮中為宦官設立內書堂，讓他們能夠協助處理公務，此舉讓宦官更容易取得財富、權力和特權，因而也使宦官人數激增。大多數的宦官都過著悲慘的生活，做著卑微的工作，睡在狹窄簡陋的房間中，其中較狡猾、想混水摸魚的，便會藉故到國庫清掃；宦官也會負責監督為國家生產奢侈品、開列外國貢品清單的工坊，因此有很多機會可以中飽私囊。

惡名昭彰的宦官劉瑾（一四五一年～一五一〇年），便私藏「金二十四萬錠又五萬七千八百兩，寶石二斗，金甲二，金鉤三千，玉帶四千一百六十二束」，他最終被控叛國，處以凌遲極刑。

惡貫滿盈、野心勃勃的明朝宦官還有王振，他擔任明宣宗的繼承者——年幼的明英宗（一四三五年～一四四九年在位，一四五七年～一四六四年第二次在位）的家教，相當受寵，一四四〇年代時，已然權傾朝野。

一四四九年，明英宗之所以決定親征瓦剌，王振可說是這整個主意的始作俑者。當時，朝中大臣皆極度反對，英宗率軍離開京師時，大臣甚至跪在路旁哭求皇帝[8]，後來瓦剌在北京西北方八十公里處的土木堡大破明軍，俘虜英宗，王振戰死，據說有可能是死於瓦剌，也可能是死於明朝忠臣之手。

英宗遭俘後，由其弟明代宗繼位（一四四九年～一四五七年在位），又稱景泰帝，代宗相當喜愛景泰藍瓷器，甚至邀請拜占庭的工匠來到北京傳授技術，這種瓷器便是以此得名，無論顏色皆稱景泰藍。

明代宗將王振的家產全數充公、滿門抄斬，但他的統治僅維持八年；英宗獲釋後，趁著代宗病危發動政變，奪回政權，一個月後代宗便神祕病逝。

文化藝術蓬勃發展，科技卻被延緩

明朝和宋朝一樣，是城市生活發達、商業興盛、藝術蓬勃的時代，紡織、印刷、出版技術也有長足進步，包括活字印刷術的發明。一五八四年，數學家兼皇室後代朱載堉（一五三六年～一六一一年）發明了「十二平均律」這個為樂器調音的系統，時間比歐洲早了至少十年。[9]

▲ 明代瓷器公認為史上品質最好的瓷器，其中最棒的是來自明代瓷器重鎮景德鎮官窯的工匠。

名醫李時珍亦在明代編纂中醫的基礎書籍《本草綱目》，包含超過一萬一千種藥方，使用藥材近兩千種，其中一種便是二〇一五年諾貝爾醫學獎得主、中國化學家屠呦呦提煉青蒿素，用以治療瘧疾的植物。

即便如此，一度在科學和科技上領先西方的中國卻開始落後，理論物理學家錢文源便曾在《巨大的慣性》（*The Great Inertia*）一書中提及：「沒有其他國家有這麼多農民起義、這麼多內戰、這麼常遭受入侵，但也沒有其他國家能將其文化保存得如此良好。」

而且，**古代中國「在政治意識形態上，基本上一直是個排除異己的環境」**，錢文源認為，**這樣的排除異己，扼殺了對科學進步至關重要的知識探索**[10]。

城市富裕中產階級的崛起，也讓原先由朝廷獨享的各類奢侈品需求激增，包括景泰藍、漆器、細工飾品、精緻的家具和瓷器，陶藝家開始在茶壺上簽名，刺繡家在衣物繡上個人標記，玉雕家也在作品中刻上他們的名字[11]。這些商標讓物品的價值飆漲，買家則更必須小心提防；張應俞一六一七年的著作《騙經》中，便詳細記載了二十四種詐欺和騙局，如出奇的「和尚認牝牛為母」。

識字的中產階級持續成長，也讓小說蓬勃發展，許多中國最著名的小說都是在明代出版，結合了正式的文言文風格和白話的行文，而且不少都是以筆名寫成，因為當時小說被視為過於大眾化的文學，非文人之正業。《三國演義》便來自明代，結合歷史、傳說、奇幻元素，自此徹底改變了大眾對史實的印象，曹操成了惡棍，他的對手則變成榮耀和勇氣的化身。

明代的偉大小說還有十六世紀的《西遊記》，虛構唐代僧侶玄奘前往天竺取經的故事，並融合超自然元素，玄奘在故事中有一隻會說話的豬和愛搗亂的美猴王孫悟空相伴，美猴王會用各種法寶來對抗各路牛鬼蛇神，例如可怕的白骨精。《西遊記》融合了神話、道教、佛教、儒家思想、諷刺小說，極具娛樂性，啟發了數十部相關電影和各類電視劇、漫畫、動畫、戲劇，可說是中國最為成功的文化出口品。

施耐庵的《水滸傳》則將背景設定在江湖。武林人士、政治異議分子、算命師……這些法外狂徒在這篇讖諷暗喻的故事中，一同蔑視國家的法律，同時堅守自己的準則。這批粗魯但正直的英雄，包含一百零五名男子和三名女子，都曾觸犯法律，齊聚一堂對抗腐敗壓迫的朝廷。

雖然《水滸傳》的背景設定在宋朝，實則諷刺越發腐敗且壓迫百姓的明朝，還留下了不少中國小說史上最著名的人物，包括我們在第六章提到的武松及他通姦的嫂子潘金蓮。潘金蓮自此成為中國文化典型的「壞女人」，即便她其實命運多舛，先是被賣給色情狂當奴隸，後來進入一段不幸的婚姻，最後又誤信自己在淫蕩的官員西門慶身上找到真愛。

宋代之後，女性合法性交年齡為十歲，結婚則是十四歲，而在中國歷史大多數的時代中，獲得年輕女子的肉體，都是有錢有勢的男人與生俱來的權力，而且社會常會譴責勇於追求自己慾望的女性，像是潘金蓮。

中國最著名的情色小說《金瓶梅》，是根據《水滸傳》延伸的同人創作，虛構西門慶和潘金蓮逃過殺死武大郎之罪後，西門慶納其為妾的故事。小說聚焦在父權社會下，一夫多妻的家庭結構中，各式瑣碎的殘忍虐待，以及家庭內部成員的關係。有些人將其視為對明朝的諷刺，腐敗的西門慶和他無能的正室，象徵一個無能統治國家的家族。

即便因為性方面的描寫而引人議論，《金瓶梅》仍屬文學傑作，同時也**是中國史上第一本以女性為主角，描寫家庭生活的小說**。

葡萄牙人燒殺擄掠，中國人才開始排斥「洋鬼子」

一四八七年，明朝由第十位皇帝明孝宗（一四八七年～一五〇五年在位）統治。明孝宗非常特別，我會這麼說，不是因為他是中國史上唯一貫徹一夫一妻制的皇帝。他勤於朝政，朝中亦充滿能幹的大臣，他也鼓勵他們彼此辯論，並削弱宦官的權力、嚴查貪腐、改革財政。

不幸的是，明孝宗的獨子、約和英王亨利八世同一時代的明武宗（一五〇五年～一五二一年在位），卻是個荒淫的昏君，喜歡微服出巡，強闖民宅，還「狩獵」了許多年輕女子納入後宮，有些最後還因沒有足夠糧食而餓死宮中，前文提及家有金甲的昏庸宦官劉瑾，便是明武宗的寵臣[12]。

武宗年間爆發許多動亂，農人再次面臨重稅，有些人被迫賣掉女兒、閹割兒子、在非法礦坑從事危險的工作，甚至乾脆成為盜匪，某些來自鄉村的窮人則是成功抵達貿易發達的沿海城市，當時明朝的稅收有一半都來自這些城市[13]，除了碼頭以外，紡織業、造紙業、煉鐵業也提供許多工作機會。

一五一三年，葡萄牙探險家歐維治（Jorge Álvares）率領的探險隊抵達廣東，對阿拉伯和亞洲商人相當友善的南方人，原先也相當歡迎歐洲人，但**這一幫葡萄牙人其實比較像海盜，燒殺擄掠，直到遭當地官員驅逐，「洋鬼子」這個蔑稱據說就是源自於此**。葡萄牙人的乖戾行為，也讓中國人開始討厭其他歐洲人，開始將其視為需要控管、監視的蠻夷。

不過，到了十六世紀末，葡萄牙人仍成功在沿海的小城澳門建立起貿易據點，每年繳交明朝視為朝貢的「地租銀」換取特權。葡萄牙人是第一個將茶葉出口到歐洲的國家，以廣東話的「茶」（cha）稱之；十七世紀初從福建出口茶葉的荷蘭人，則根據閩南語發音，將其稱為「ㄉㄝˊ」，也就是今日大家熟知的英文單字 tea 的由來。

明武宗於二十九歲時過世，有可能是因喝醉後墜入江中。他沒有任何存活下來的子嗣能繼位，所以王位最後傳給同樣聲名狼藉的堂弟明世宗（一五二一年～一五六七年在位），其統治期間出現兩次重大危機。

第一是所謂的「大禮議」事件，當時明世宗拒絕遵從習俗，不願認明孝宗為父親以延續皇室血統，而是堅持將自己的生父追封為（前）皇帝，反對的官員因此遭到流放、毒打、處決。

另一次危機則較為私人，據說明世宗是個虐待狂，一五四二年十一月某個晚上，被逼到極限的嬪妃和宮女試圖將皇帝勒斃，卻東窗事發，最終遭處凌遲極刑，史稱「壬寅宮變」。

身心受創的世宗後來和十三歲的嬪妃與兩隻貓「霜眉」及「獅貓」，搬到紫禁城西邊的玉熙宮，繼續姦淫年輕的處女，並服用道教的長生不老丹藥，由於丹藥中含有嬪妃的經血再加上汞，很有可能因此致死。世宗在位的四十五年間荒於朝政，正直的官員海瑞（一五一四年～一五八七年）曾上奏抗議，明世宗和明太祖一樣無法接受批評，他本要處決海瑞，自己卻先丟了小命。

世宗之子明穆宗（一五六七年～一五七二年在位）盡力整肅父親和明武宗留下的爛攤子，他趕走腐敗的官員、召回海瑞，同時和蒙古停戰、減輕農民稅賦，本來也會著手解決宦官問題，卻遭狡猾宦官獻上的突厥美人迷惑，最終也不問朝政，並於三十五歲時病死，僅在位六年。

穆宗之子明神宗（一五七二年至一六二〇年在位）於十歲登基，深思熟慮後，他改革了政府的行政體系，使其變得更有效率，也更能負責；明神宗也發展防洪及其他公共工程，明朝可說再度復甦，中國史家因而稱明神宗統治前十年為「萬曆中興」。附帶一提，明神宗共在位四十八年，為在位時間最長的明朝皇帝。

但是，明朝結構性的貪腐問題仍然沒有解決，海瑞建議貪腐者處剝皮極刑，以杜絕貪腐，卻遭明神宗拒絕，認為這樣的極刑和其治國理念不符。此外，明神宗還想立寵妃鄭氏所生的三子為太子，卻遭朝臣反對，受挫的皇帝憤而不願上朝，也不願會見朝臣。

▲ 明神宗二十多歲後再也不上朝，餘生越吃越胖，並執著於興建陵墓，他想在此和鄭氏永遠廝守。

耶穌會教士認為，如果他們能讓皇帝改信天主教，那麼全中國也都會響應，這些教士多具備實用的知識，包括科學、天文學、數學等領域，他們穿著中國服裝，學習中文和中國習俗，試圖進入朝廷。

一六〇二年，義大利耶穌會教士利瑪竇（Matteo Ricci）獲准進宮，他在明神宗空蕩蕩的皇位前磕頭行禮，朝廷邀請他留下，利瑪竇教導太監如何為皇家收藏中的歐洲鐘上發條，也教他們彈奏大鍵琴。利瑪竇還發明了世上第一套將中文拼寫為羅馬字母的系統，北京在英文和歐洲語言中之所以拼為「Peking」，便是源自利瑪竇的拉丁文拼音「Pequim」。

利瑪竇入宮時，朝政已由宦官把持，重稅和貪腐使各地民變四起，再加上與日本幕府爭奪朝鮮半島，為期六年的戰爭也讓國庫幾乎乾涸。明朝國力鼎盛時期，其疆域、城市、軍隊、船隻、宮殿、鐘、識字人口、神職人員、出版書籍，甚至生產的瓷器、織品和長矛，數量和規模都是世界第一[14]。

根據某些中國當代的人口統計學家估計，明代在一六〇〇年的人口超過一．五億人，比整個歐洲還多，但是國力衰微的種種跡象也很明顯，包括貪腐、民變、邊境問題。

一六三〇年代起，牧童兼驛卒李自成起兵造反，叛軍襲捲鄉間，還造成黃河決堤，生靈塗炭，一六四四年初，李自成攻陷北京，《永樂大典》的原本便是在叛亂期間付之一炬的珍貴文獻之一。

明朝最後一個皇帝、神宗之孫明思宗（崇禎皇帝）被迫殺死皇后、嬪妃、公主，以免李自成染指，最後逃到紫禁城後的煤山自縊身亡。

李自成隨後自封大順皇帝，農民起義、推翻地主，窮人洗劫富人、燒殺擄掠，僕從造反、士兵叛變，各地動盪不安[15]。

明代曾修建數千公里長的長城，但在城外，威武的敵人正養精蓄銳，努爾哈赤統一女真各部，建立後金朝，並征服了蒙古人，還命令手下根據蒙古文字創造新的字母拼寫滿文，以此翻譯漢人的法典、兵法及《三國演義》。

努爾哈赤的八子暨繼承人皇太極，則將女真人改名為「滿洲人」，以和先前的部族歷史區分，並在一六三六年，改後金朝為清朝，表示清明或純粹之意。皇太極將滿洲人分為八部，稱八旗，以正色或鑲色代表，如正黃旗或鑲黃旗，具備軍事、政治、社會組織的功能。

西元前二世紀有一句中國古諺：「一夫當關，萬夫莫敵。」而在距北京三百公里處的長城極東關口山海關，明朝守將吳三桂（一六一二年～一六七八年）引清兵入關，因清兵承諾會協助平定李自成之亂。

最後，清軍的確沒有食言，但他們之後便定都北京，並將皇太極之子，六歲的愛新覺羅．福臨送上紫禁城的皇位，即清世祖順治皇帝。

第十章

清朝：現代化的漫漫長路，讓帝制邁入歷史

滿洲男性會將頭頂剃光，把剩下的頭髮留長並編成辮。定都北京不久後，順治皇帝的攝政兼叔父多爾袞便要求前朝的官員和軍隊如法炮製，剃髮令的範圍最終更擴大到所有成年男子。

檯面上的選擇清清楚楚：留頭不留髮，留髮不留頭。清廷還援引儒家論述，替強迫所有男性臣民留辮一事辯護：「今中外一家，君猶父也，民猶子也……豈可違異？」[1] 此外，還要求子民著滿洲服飾，特色是從右肩斜繫的長袍及剪裁為馬蹄形的袖口，在象徵和實際層面上，皆表示他們是長時間待在馬背上的民族。

厭惡留辮一事，不僅和個人的喜惡有關，也和政治有關聯。一頭茂密的頭髮，可以盤成髻或紮成馬尾，代表優雅的男子氣概。中國南方反對留辮和反清的風氣最為興盛，幾百年後，南方將會孕育出一名革命領袖，他率先剪去辮子，協助眾人顛覆清朝，以及整套中國帝制。

一六四四年，順治皇帝剛坐上紫禁城的龍椅時，在中國超過一億的人口中，滿洲人只占不到一百萬，旗人（編按：八旗旗下之人）在帝國各地的城市中心駐軍，威嚇百姓歸順。一六四五年，鄰近南京、自唐代起就是經濟和文化重鎮的古城

▲ 清朝命令所有中國男性遵從滿洲人留辮的習俗，不從者就會遭處決，這讓漢人大為光火，因為傳統上，剃頭是小孩、和尚、罪犯或太監才會做的事。

揚州，遭到清軍屠戮，死傷慘重，不過一般記載的死亡人數八十萬無疑是誇大，因為揚州的總人口數很可能連一半都不到。

中日混血、暴躁易怒的海盜兼士大夫鄭成功，便是最頑強的反清勢力，歐洲文獻通常稱其為「國姓爺」，這是南明皇帝賜給他的稱號。鄭成功於一六六一年和追隨者逃至臺灣，並靠著當地南島語系原住民的幫助，成功驅逐占據臺灣近四十年的荷蘭殖民者，不過他在隔年便不幸去世，享年三十八歲，鄭成功的追隨者自此在臺灣定居，可說是許多臺灣人的祖先。二十多年後，**清朝成為中國史上第一個正式將臺灣納入版圖的朝代**。

和先前外來的蒙古人相同，滿洲人也不相信漢人，他們保留了一半的官職給自己人，並試圖隔離兩個族群，除了那些在一六四四年以前便歸降清廷，獲得旗人地位的漢人。清朝將北京劃分給八旗各部，趕走所有不是旗人的漢人，許多先前住在北京的漢人，都被迫搬到正陽門南邊的郊區，但滿洲人也深知，沒有漢人的合作和配合，他們不可能鞏固自己的統治，並獲得統治的合法性。

一六六一年，順治皇帝年僅二十二歲便死於天花，皇位傳給八歲的兒子康熙皇帝（一六六一年～一七二二年在位），康熙年幼時便辛勤學習儒家經典，年紀漸長後，也努力成為一名仁君。他不僅親自參與先前明代忽略的黃河防洪工程及京杭大運河的整修，也限制宮中宦官數量，僅讓他們處理卑微的事務，並協助守護相對來說規模頗為節制的三百名後宮嬪妃。

康熙皇帝透過遵循儒家儀典和維持三年舉辦一次的科舉制度，來攏絡漢人士大夫，同時也資助許多文史大作，包括《明史》、《康熙字典》，以及先前提過的

《全唐詩》。他還下令在宮中演出哀悼明朝滅亡的戲劇《桃花扇》，讓全朝大為震驚，《桃花扇》的作者兼孔子後代孔尚任，也對朝廷的熱愛頗為驚喜，他更發現某些應為漢人的官員「掩袂獨坐」[2]。

康熙皇帝在馬背上怡然自得，戰場上驍勇善戰，進行滿洲儀式時也不遺餘力，因此滿洲同胞亦相當敬重他，他也曾帶兵平定邊境紛亂，並和莫斯科簽下條約，約定以黑龍江上游為界。一七二〇年，清軍攻進拉薩，扶持新的達賴喇嘛，建立起日後控制藏區的基礎。

著名歷史學家暨漢學家史景遷（Jonathan Spence）曾說，康熙一個重要的特質便是充滿好奇心[3]，康熙之父順治皇帝曾因年輕的神聖羅馬帝國耶穌會教士湯若望（Adam Schall）成功預測日蝕，指派他擔任欽天監（天文曆法局）監正，並在湯若望以西醫治好自己的病母後，准許他在利瑪竇位於

▲ 康熙皇帝是中國史上統治時間最久的皇帝，好奇心相當旺盛，不管是滿洲同胞或受其統治的漢人，都相當尊敬他。

北京的故居興建教堂。

康熙即位後，朝中也有數名會說中文的耶穌會教士，康熙命令他們一併學習滿文，如此才能和他深聊大炮、製圖、歐幾里得幾何（編按：依歐幾里得〔Euclid〕的《幾何原本》（*Elements*）構造的幾何學）、風車等話題，這些教士甚至教導康熙彈奏翼琴（編按：早期鍵盤樂器的一種）。

中國的耶穌會教士識相的將祭祖視為習俗，而非宗教儀式，但在一七一五年時，教宗克萊孟十一世（Clement XI）下詔譴責其為盲目又野蠻的行為，讓康熙深感冒犯，同時也對教廷使節不尊重的行為相當不滿，因此，雖然他仍對個別耶穌會教士相當有好感，但下令禁止所有傳教活動。

康熙皇帝於一七二二年過世，在位時間長達六十一年，是中國史上在位最久的皇帝，其子雍正皇帝（一七二二年～一七三五年在位）也勵精圖治，改革稅賦系統，使其變得更為公平，並對抗貪腐。雍正一方面保留了有用的耶穌會教士，但在一七二四年，又完全禁止基督教傳播。他也殘忍鎮壓了紡織業的工人動亂，他提防的正是南方動盪的江湖，包括居無定所的工人、武術家、算命師，及其他足以顛覆政權者。

▲ 郎世寧分別將乾隆皇帝描繪成在草原馳騁的馬上弓手、黃袍加身、身坐龍椅的皇帝，以及文殊菩薩的轉世；文殊菩薩是藏人和蒙古人信仰的藏傳佛教中，相當重要的神明。

雍正皇帝的母語是滿文，中文是他的第二語言，他發現很難跟說著不同方言、擁有各種腔調的大臣溝通，於是下令所有人都要使用以北京方言為基礎的發音系統，也就是現今的「官話」。

義大利耶穌會教士郎世寧（Giuseppe Castiglione）是個技藝精湛的畫家，專精文藝復興風格，在朝中備受尊崇，善於將線性透視法和明暗法等西方技法，融入中國傳統美學和色彩中；雍正之子兼繼承者乾隆皇帝（一七三五年～一七九六年在位），便曾委託郎世寧繪製三幅不同的畫像，目的是要供不同種族的臣民，即滿洲同胞、漢人及藏人觀賞。

乾隆在位期間也算是中國盛世之

一，當時清朝的疆域幾乎達到明朝的兩倍大，包括征服蒙古諸部，以及面積約一百六十七萬平方公里的中亞地區，乾隆將此地稱為新疆，意為全新的疆域，涵蓋絲路經過的塔克拉瑪干沙漠。

一七五五年至一七五八年間，清軍大舉屠殺將近五十萬名信仰藏傳佛教的蒙古人，即「準噶爾部」，死亡人數達總人口的五分之四，堪稱種族滅絕，之後新疆的人口組成主要剩下突厥語系的定居民族回族，他們在十五世紀時已改信伊斯蘭教。新疆此後仍時常發生動亂，次次都遭到血腥鎮壓，清朝也自一八二〇年起開始派遣漢人和滿洲人到新疆定居，並興建渠道及其他農業基礎建設，以鞏固其統治。

而在漢人為主的華中平原，清朝自康熙以降的統治基本上國泰民安，**全球對中國茶葉、絲綢、瓷器的需求，化為白銀流入中國**，不僅讓國庫財源充裕，也帶動了國內的商業發展。清朝也透過廢除明代職業世襲的法律，促進社經地位流動，貧苦的農民可以在城市中自由販賣勞務；不過，他們後來刺激了城市人對犯罪盛行的無形恐懼，甚至在一七六八年爆發「叫魂案」，舉國上下人心惶惶（編按：認為販夫走卒可傳播攝魂術及瘟疫的公共恐慌）。

乾隆皇帝是個藝術鑑賞家，坐擁大量文物，他非常喜愛王羲之的〈蘭亭集

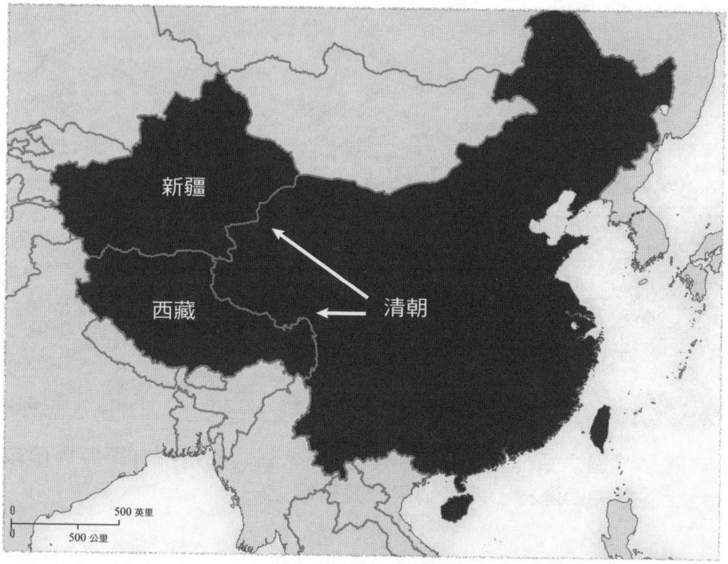

▲ 征服新疆和西藏大舉擴張了清朝的版圖，清朝也宣稱漢代和唐代在絲路上的哨站，證明新疆自古屬於中國。

序〉，蒐集了各式和蘭亭之會相關的畫作、雕刻、書法，最終甚至在紫禁城中建造了一座蘭亭，還有人造河流經其中。

乾隆皇帝也相當熱愛圓明園，這座庭園由康熙建造、雍正擴建，屬於數座行宮和皇家園林之一，這些地方都位在京城騎馬可至的範圍內，供皇室成員放鬆及打獵。雍正皇帝下令在圓明園建造宮殿，他便可以在此處理朝政，不用回到紫禁城，他和多數清朝皇帝一樣，認

▲ 除了超過六百座優雅的木造建築外，圓明園還擁有耶穌會傳教士設計的西洋樓，報時噴泉便是奇觀之一。

為紫禁城相當幽閉，同治皇帝甚至稱其為「紅牆綠瓦黑陰溝」[4]。

乾隆皇帝持續擴建這座八百英畝的庭園，添上人造的山丘和水道，還復刻他在南方微服出巡時，相當欣賞的宋代庭園，並重現著名詩畫的場景[5]，圓明園便以流水、小橋、涼亭、宮殿聞名。

此外，園中還有郎世寧及其他耶穌會傳教士設計的西洋樓，模仿歐洲洛可可式的石造及大理石建築，掛著珍貴的中國書法和法國織錦，而圓明園的十二生肖獸首銅像報時噴泉，也是由郎世寧設計。

圓明園中甚至有一座小鎮，市

街仿照南方市場而建，乾隆皇帝和嬪妃會在此和太監扮演的商人殺價，同時還要小心翼翼保護自己的荷包，以免遭由太監扮演的扒手竊取。

鴉片帶來的百年國恥——包括不平等條約

農業上的進步，包括梯田，以及在貧瘠的丘陵或沙地上種植來自新大陸的作物，如花生、玉米、番薯等，代表百姓擁有更多糧食，國泰民安也讓清朝的人口在十八世紀穩定成長，並於一七七六年突破三億人。

但是，大規模的人口也使糧食供應的壓力激增，清代遵循明代的稅賦系統，要求人口占比高達九三％的農民以白銀而非作物納稅，因此當白銀價格上升，稅賦就會變得無法負擔。

此外，官僚體系也沒有隨人口成長的規模同步擴張，因此也無法及時處理百姓越趨複雜的各式問題[6]。

精英階級蓬勃發展，貪官汙吏也是，比乾隆皇帝年輕四十歲的英俊官員和珅，便因和皇帝異乎尋常的親近，且累積了大量財富，在宮中招致議論。和珅之子後來還娶了乾隆最心愛的女兒，而和珅本人則坐擁姬妾約六百人、房屋近三千間、金山銀山、綢緞紗羅一萬四千匹、西洋鐘四百六十座、鏤金八寶炕床二十四座。可說集腐敗之大成，影響行商、四處敲詐、中飽私囊。一七九六年，和珅甚至從鎮壓白蓮教亂的經費中貪汙，乾隆皇帝於一七九九年過世後，朝廷賜和珅一匹白綾自縊。

曹雪芹的小說、又稱《石頭記》的《紅樓夢》，便捕捉了清代盛世的華麗與即將衰敗的蒼涼，本書可說是中國文學史上最偉大的小說，行文夾雜許多華美的詩詞，並以精巧的細節，栩栩如生的描寫了一個上流家族的生活和觀點，以及因道德敗壞導致的衰微。

脾氣暴躁、反對纏足、洋人、貪汙及儒家陳腔濫調的學者龔自珍（一七九二年～一八四一年），也曾論及這段混亂的年代：

> 貧相軋，富相耀；貧者阽，富者安；貧者日愈傾，富者日愈壅……至極不祥之氣，鬱於天地之間。[7]

這股鬱於天地之間的至極不祥之氣，很快就會擁有一個實際的名字，那就是——鴉片。

歐洲商人數百年來都試圖在中國市場站穩腳步，但即便歐洲人熱愛中國的茶葉、絲綢、瓷器，中國人對歐洲商品卻興趣缺缺，清朝也限制通商口岸，規定外國商人只能於每年十月至三月在廣州進行貿易，還必須透過公行的買辦，並遵循當地法律，這讓他們相當不滿。

一七九三年，英國派出老練的外交官喬治．馬戛爾尼（George McCartney）使華，他帶著要求放寬貿易限制的詔書來到乾隆的宮中，內容包括降低關稅、給予商人全年居留權，以及在北京設立使館。

乾隆皇帝時年八十歲，答應在北京東北方的皇家獵場熱河（今承德）接見英國使團，按例覲見皇帝需要行叩頭之禮，馬戛爾尼卻拒絕，僅願按照拜見英王喬治三世（George III）的禮節單膝下跪。

無論如何，乾隆皇帝仍是以禮相待，但馬戛爾尼前腳一離開，詔書也經過翻譯後，乾隆馬上下令大臣加強清朝的海防，預測「今居西洋各國之首」的英國，可能「較為強悍」，並以如下開頭回覆馬戛爾尼的要求：「天朝撫有四海……奇珍異寶並無貴重……並無更需爾國製辦物件。」[8]

不過，壟斷英國對東亞貿易的英國東印度公司（British East India Company），倒是有個某些中國人會使用的商品，那就是在英屬印度種植的鴉片。中國其實早就已經在種植鴉片，只是數量相當少，士兵和勞工會以其止痛，某些有錢人則為了享樂而吸食。

一七二九年，英國輸入中國的鴉片總數為兩百箱，每箱容量將近六十公斤，而在馬戛爾尼使華三年前的一七九〇年，這個數字已經暴漲到四千零五十四箱，此後也繼續穩定成長。

一七九六年，乾隆皇帝出於孝心，不願讓自己的統治時間超過受人尊崇的祖父康熙，讓位成為太上皇，這使得鴉片的問題落到繼任的嘉慶皇帝（一七九六年～一八二〇年在位）頭上。

一八一五年，英國派遣另一名公使威廉·阿美士德（William Amherst）使華，但再次因叩頭禮儀之爭遭嘉慶皇帝拒見並驅逐。

鴉片成癮開始滲入中國社會的肌理，走私使貪腐叢生，國庫的白銀大量流出，嘉慶和繼位者道光皇帝（一八二〇年～一八五〇年在位）統治年間，朝廷針對是否

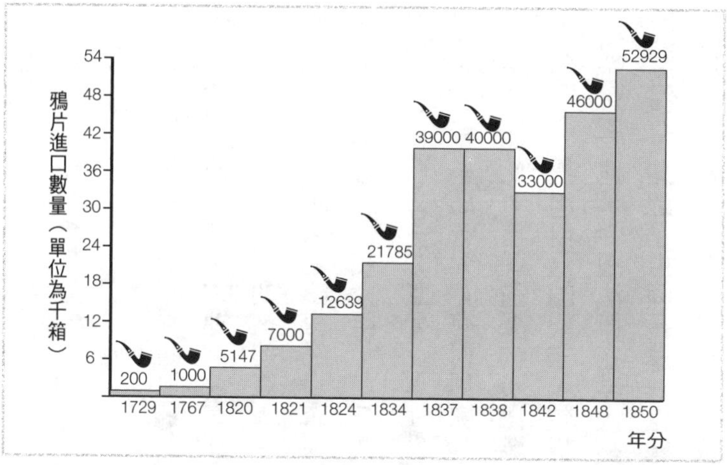

▲ 在英國開始走私鴉片至中國之前，鴉片成癮還不是個廣泛的社會問題。百姓會用各種煙斗吸食鴉片，某些煙斗還相當精緻。

開放鴉片合法化展開激辯，爭論是否要鼓勵國內種植，以處理走私相關的貪腐，還是要完全禁止。

一八三八年，道光皇帝決定禁止鴉片，並於一八三九年三月派遣官員林則徐（一七八五年～一八五〇年）前往鴉片交易的中心廣州查禁鴉片；七月時，林則徐已逮捕數千名煙鬼，查禁近兩萬三千公斤的鴉片及七萬支煙斗。

林則徐也命令廣州的三百五十名外國商人交出所藏鴉片，隨著情勢逐漸緊張，他還把洋人鎖在倉庫中，並派士兵在旁敲鑼打鼓施壓，總共花了六個星期，洋人才交出超過兩萬箱鴉片。

林則徐總計查扣近一百四十萬公斤的鴉片，將其和水、鹽、石灰混合後，撤入海中銷毀。

事件發生後，英軍派遣戰艦封鎖廣州港入口，突破清軍防禦，並掌控上海和寧波等港口，使得京杭大運河及長江下游的水路完全癱瘓，史稱第一次鴉片戰爭。

一八四二年，清朝被迫簽下《南京條約》，向英國開放廣州、上海及其他三座通商口岸，並永久割讓得名自香料貿易的香港島。

當時英國的外交大臣，第三代巴麥尊子爵（Lord Palmerston）亨利・約翰・坦普爾（Henry John Temple）甚至質疑，取得這塊「永遠不會成為金融中心、沒幾間房子的荒蕪小島」究竟有何用處[9]。

不僅如此，清朝還要向英國賠償兩千一百萬銀圓，美國、法國及其他國家也獅子大開口，提出自己的要求，包括所謂的「領事裁判權」，即洋人在中國犯罪不受中國法律管轄，中國法律在洋人控制的租界也不適用。**這些協議是一系列不平等條約的濫觴，開啟了中國長達一世紀受西方列強宰割的恥辱**，也預言了一切的結束，不只包括清朝的覆亡，還有中國數千年來的帝制。

民變四起，英法聯軍攻陷圓明園

一八五三年，美國浸信會牧師羅孝全（Issachar Jacox Roberts）回憶道：

「一八四六年某天，兩名中國紳士來到我在廣東的住處，希望可以學習基督教義，其中一人很快就回家，另一人則繼續和我們待了超過兩個月，他在這段期間研讀《聖經》（*Bible*）、接受指導，從頭到尾都表現得清清白白。」[10]

引文中的「另一人」便是洪秀全（一八一四年～一八六四年），他在一八四七年宣稱自己是耶穌之弟，並建立了反清的太平天國，主張自己的使命即是驅逐惡魔化身的滿洲人，將中國變成基督的國度，一個「有田同耕，有飯同食，有衣同穿，有錢同使」的人間天堂[11]。

此外，太平天國禁止賭博、纏足（順帶一提，滿洲女性也從不纏足）、嫖妓，因而吸引了數萬名婦女加入，其中許多都加入太平軍，有些還擔任軍官，一八五三年，披頭散髮的太平軍攻陷南京，改稱天京。

一八五六年，洪秀全邀請羅孝全來到天京，他的前導師寫道，洪秀全對基督教義的瘋狂詮釋很駭人，而且萬事都建立在燒殺擄掠上：「他們除了燒殺擄掠以外，什麼都不做。」[12]另一名傳教師則記載道，即便軍隊中也有女性軍官，洪秀全和其他太平天王仍擁有大批後宮嬪妃，而且士兵所到之處亦隨意姦淫婦女[13]。

毛澤東日後把太平天國之亂視為農民起義的典範，當代某些史家也因其追求系統改革的目標，將之視為革命。但這場亂事也是人類史上傷亡最慘重的事件之一，死亡人數亦是十九世紀之冠。

一八六四年，清軍在一些英軍和美軍的協助下，終於平定太平天國時，共有兩千萬至三千萬人死於暴亂、疾病、飢荒，死亡人數遠超過年代相近的美國南北戰爭（約七十五萬人）和克里米亞戰爭（近百萬人）。

一八五六年，太平天國之亂仍未平定，中國西南方瘟疫肆虐，英法聯軍又發動第二次鴉片戰爭攻打清朝，這場戰爭有時也稱「亞羅號事件」，因為戰爭便是起自商船亞羅號（Arrow）上的事件。

一八五八年，清廷戰敗，簽訂第二批不平等條約《天津條約》，同意再開放十個通商口岸、長江的內河航行權、洋人在內陸地區傳教，並賠償六百萬兩白銀給英、法兩國（一兩白銀約為四十公克）。另外，也允許英國、法國、美國、俄國在北京設立永久使館。

後續還有零星衝突發生，一八六〇年秋天，三十九名成員組成的英法使節團抵達北京談和，清廷卻將他們囚禁在圓明園，並將其中十八人折磨至死，「連棺木中使用的大量石灰，都無法遮掩他們曾在死前受到可怕的折磨」[14]。

為了報復，英、法派出大批聯軍，由尚－巴蒂斯特・路易・葛羅男爵（Baron Gros），以及第七代額爾金伯爵（Lord Elgin）、掠奪雅典帕德嫩神殿大理石雕刻的湯瑪斯・布魯斯（Thomas Bruce）之子——第八代額爾金伯爵詹姆士・布魯斯（James Bruce）統領，朝北京進軍。

在南方陣營追隨者的協助下，英法聯軍攻破圓明園，且根據一名英國目擊者所言，他們以「恣意且貪婪之熱忱」劫掠和火燒圓明園[15]。圓明園數百座優雅的木造中式建築被夷為平地，西洋樓也盡數崩毀。英國皇家工兵部隊（British Royal Engineers）的上尉查理・戈登（Charles Gordon）便寫道：

「你很難想像我們燒掉的地方有多美麗、多雄偉，燒掉這個地方讓人心痛。

「事實上，這些宮殿幅員廣大，我們時間又如此緊迫，根本無法好好洗劫，大量的金飾遭誤認為黃銅而焚毀，這對軍隊來說是令人沮喪的工作，但每個人都搶東西搶瘋了。」[16]

洋人走了之後，百姓後腳跟著來，當時流行的詩作便捕捉了圓明園遭到焚毀的時刻：「老嫗筐中宋本書，牧童壁上元人畫」[17]。

法國文豪維克多．雨果（Victor Hugo）也為之震驚，形容同胞的行為簡直是土匪，並將圓明園和帕德嫩神殿、埃及金字塔、法國聖母院相比擬，寫道：「歐洲人是文明人，對我們來說，中國人是野蠻人，而這就是文明對野蠻幹下的好事。」[18]而**圓明園廢墟的場景，也成了今日中國愛國教育教授「百年國恥」時的中心教材。**

圓明園遭劫掠時，清朝由第九名皇帝、乾隆之後的第三名皇帝咸豐（一八五〇年～一八六一年在位）統治，一八六〇年簽訂的《北京條約》，將香港對岸的九龍半島割讓給英國作為補償，另須賠償兩百萬兩，並合法開放鴉片進口。俄國也趁機和清朝重新劃定邊界，在滿洲人的故鄉建立了海參崴港。

一年後，三十歲的咸豐皇帝駕崩，有些人認為是因為太過羞恥。

能幹又充滿野心的太后上位

咸豐皇帝的皇后孝貞顯皇后沒有留下子嗣，但嬪妃懿貴妃為皇帝生了一個兒子，這個孩子在五歲時登基，即同治皇帝（一八六一年～一八七五年在位），懿貴妃和孝貞顯皇后，也就是後來的慈禧太后和慈安太后，與同治皇帝的六叔恭親王奕訢一同攝政，慈禧聰慧、野心勃勃、強勢，是三人中的主事者。

圓明園遭焚僅僅兩年後，清廷治下的回民便爆發一系列動亂，這些叛亂通常都是由小事和種族衝突引發，或回民協助太平天國的謠言，導致清廷必須在一八七六年重新收復新疆。這段又稱「陝甘回變」的期間內，西北方的陝西和甘肅人口減少了將近兩千萬人，包括逃離動亂的難民。

清廷為平定太平天國和回變付出巨大代價，卻沒有解決

▲ 慈禧太后實際統治清朝將近五十年，統治時間和英國的維多利亞女王重疊，本人神祕莫測、充滿爭議，至今史家對她的看法仍眾說紛紜。

根本的民怨，同時，西方列強的蠶食鯨吞，不僅破壞了清朝的威望，也摧毀了中國的民族自尊及財政。因此不少士大夫，包括林則徐在內，都認為國家必須自強，也就是在軍事及經濟上現代化，清廷於是開始成立新式海軍，並創辦同文館（編按：清末自強運動期間清政府官辦的外語人才學校）及由恭親王奕訢領導的總理衙門。此外，清朝也建立了海關總稅務司，由洋人代表朝廷決定進出口稅，但不負責實際徵稅。

一八六八年，日本在面臨和清朝類似的處境後，轉型成為君主立憲國家，擁有民選議會、免費公立教育、現代化工業、進步的軍隊，史稱明治維新，和其相比，同治維新的一系列自強改革，只不過是杯水車薪。

一八七五年，同治皇帝年僅十八歲便駕崩，身後沒有任何子嗣，慈禧因而扶植他三歲的堂弟登基，是為光緒皇帝（一八七五年～一九〇八年在位），並繼續和慈安太后垂簾聽政。

崛起的強權日本也不斷挑戰中國過往的藩屬，包括琉球和朝鮮半島。法國占領印度支那，更讓清廷陷入重重包圍，一八八四年八月某天，法國海軍在兩個小時內就擊沉清朝南洋艦隊的十一艘戰艦，法軍僅五人死亡，清軍則折損五百二十一人，這還沒加進另外五十一名落海失蹤、應為溺死的士兵[19]。

一八八七年，葡萄牙得到澳門「永居權」，七年後，日本在中日甲午戰爭（一八九四年～一八九五年）中消滅北洋艦隊，帶給清廷恥辱性的一敗，後續簽訂的《馬關條約》迫使清廷放棄朝鮮半島的藩屬，賠償日本兩億兩白銀，並永久割讓臺灣給日本。

一八九四年，中國西南部爆發瘟疫，一路蔓延至東邊的廣州，造成六萬人死亡，鼠疫也傳到香港，接著透過英國人傳播到印度和全球，最終造成全世界一千五百萬人死亡。這波鼠疫使世界各地的排華聲浪高漲，包括早已禁止中國移民的美國，以及一九〇一年通過《移民限制法令》（*Immigration Restriction Act*），也就是白澳政策的澳洲。

在十九世紀，西方人在畫作中將中國人描繪成鴉片煙鬼，但諷刺的是，他們自己就是賣鴉片的商人；這就如同二〇二〇年新冠肺炎爆發時再度上演的情況，對疾病的恐懼及偏見加劇了充滿敵意的種族主義。

不到一個世紀前，法國啟蒙時代思想家伏爾泰（Voltaire）和其他歐洲哲學家才剛把中國當成文明的象徵，但帝國主義的種族歧視邏輯，也就是透過白人優越主義正當化剝削和殖民行為，改變了這一切，即便十九世紀的西方人仍然把那些繪有柳樹的瓷器視若珍寶。

清朝末年變法失敗，更大的變局到來

一群進步的年輕學者，亟欲追求範圍更廣的改革，包括政治、教育、社會等層面，以效法日本的模式，將清朝轉變為君主立憲政體及現代化強權，其中某些人也支持女權，希望禁止纏足和包辦婚姻。一八九八年六月，終於掌權的光緒皇帝受到說服，展開了遠大的改革。

由於擔心慈禧太后和其保守的黨羽會試圖阻撓，光緒找上以進步思想著稱的軍官袁世凱（一八五九年～一九一六年）幫忙，希望藉此擺脫慈禧，然而，袁世凱竟然向慈禧告密，並奉其命將光緒軟禁在鄰近紫禁城的瀛台，百日維新至此宣告失敗。有些維新派人士想辦法逃到日本和香港，但其中六名變法派人士「戊戌六君子」被抓，並在九月二十八日押解到城牆外的刑場，當著一萬人面前處決，慈禧重新掌權。附帶一提，當年的刑場如今是一間沃爾瑪（Walmart）超市。

由此可見，**中國有史以來最具權勢的女人，一舉摧毀了本應使中國女性地位大幅提升的改革，有些當代作家認為慈禧是名女性主義者，但事實無法佐證此看法。**不過，慈禧也並不如後來流行文化中，許多厭女畫作描繪得那般醜陋。

擁有將近四億人口的清朝，伴隨無處不在的貪腐和落後的基礎建設，陷入最終的危機，外國列強持續向朝廷施壓，要求更多特許權，英國就成功獲得了九龍附近九百五十三平方公里土地九十九年的租約，後來稱為新界。

便宜的棉織品和其他商品大量流入中國市場，讓許多農民和業者在早已崩壞的經濟中苦苦掙扎，飢荒肆虐。

傳教士是大多數中國人唯一會接觸到的洋人，他們開辦學校、診所、孤兒院，反對吸鴉片和纏足，有些也會編纂雙語辭典，或將西方科學文獻譯為中文。傳教士慷慨仁慈有之，傲慢不敬的種族歧視者也有之，但由於是透過不平等條約才得以進入內陸傳教，他們也背負了帝國主義的惡名。甚至有謠傳，傳教士會飲用中國兒童的鮮血。

一八九八年，草根運動義和拳在東北方的山東崛起，口號為「扶清滅洋」，大多數的成員都是貧苦的農民，還有稱為「紅燈照」的女性組織，他們會練習武術、崇拜關公，還會進行他們認為做了就能夠刀槍不入的儀式，像是燒符咒和喝香灰。義和團四處屠殺中國的基督徒，包括那些祖先早在明末就改信天主教的家族，光是在山西省就殺死了五千七百名教徒，一八九九年起，他們也開始攻擊傳教士[20]。

一九〇〇年六月五日，義和團先破壞北京和通商口岸天津之間的鐵路，接著戴上顯眼的紅、黑、黃頭巾，朝北京進軍，他們非常仇外，只要看到中國人戴手錶或販賣煤氣燈等西洋商品就殺，還砸毀日本進口的人力車。

六月九日，義和團燒毀北京洋人熱愛的跑馬場，幾天後，又燒掉湯若望故居東堂，殺死一名法國神父和多名中國教徒，並包圍數千名教徒避難的北堂。某個德國外交官殘暴殺死一名中國男孩後，義和團也癱瘓了北京的使館區東交民巷，贊同義和團的某些清朝武衛後軍參加了團攻。

包圍總共持續了五十五天，期間使館區遭將近三千枚炮彈轟炸，還有數千名中國教徒在此避難，最

▲一名年輕的義和團成員；中共認為義和團是對抗帝國主義的英雄，但其實大多數的受害者都是中國人。

後共有超過五十人死亡、上百人受傷。針對英國使館的攻擊，還不慎引發火災，燒毀附近的翰林院。翰林院中藏有中國最寶貴的歷史文獻，包括四書五經的古本[21]。

朝廷的意見也頗為分歧，有些人認為義和團無知和反動，其他人則認為他們是對抗帝國主義的有用盟友；西方軍隊進攻天津附近的大沽口炮臺後，慈禧便向「欺臨我國家，侵占我土地，蹂躪我人民」[22]的列強宣戰。

一九〇〇年八月十四日，近兩萬名由日本、英國、美國、法國、德國、俄國、義大利、奧匈帝國士兵組成的八國聯軍，兵臨北京城下。

他們從天津出發，剿滅當地的義和團，一路殺至北京，慈禧太后、遭到監禁的光緒皇帝以及朝臣一行人，只好化裝成農夫出逃。

聯軍對京師百姓展開猛烈攻擊，所到之處燒殺擄掠，甚至洗劫紫禁城，摧毀許多貴重的皇室檔案。死傷

▲ 在紫禁城休息的美國士兵；為使館解圍的外國軍隊，在北京掀起一場腥風血雨，四處燒殺擄掠。

的百姓中，便包括中國最受歡迎的滿族人作家老舍（一八九九年～一九六六年）之父；當時，老舍還只是個嬰兒。此外，許多住北京的洋人也隨著軍隊四處打劫。數萬人死於這場戰事，大多都是中國百姓，包括遭義和團屠殺的將近兩萬名中國教徒，此外，光是在北京，義和團也摧毀了超過四千座中國商店、寺廟、住宅。根據估計，八國聯軍總計殺死將近三千名義和團民與清軍，洋人的死亡人數則超過兩百四十人，多為傳教士和其家屬。

清廷於一九〇一年九月簽署的《辛丑條約》，更使其元氣大傷，這份不平等條約中的冗長要求，包括等同清朝六年歲收的賠款，須以黃金支付[23]。一九〇四年至一九〇五年，日本和俄國爆發戰爭，爭奪的是兩個強權誰夠格宰制、剝削中國東北的資源，清廷只能眼睜睜看著外國軍隊越過田野、夷平村莊，將死亡和毀滅帶到祖先滿洲人的家園。最終，日本獲勝，踏上了侵略之路，並在一九三七年全面入侵中國。

十九世紀末，某個清朝官員要將傳統上用來治療瘧疾的「龍骨」磨成粉時，發現上面有奇怪的花樣，他最後發現，這些骨頭其實是甲骨文。歷史學家白安卓（Andrea Bachner）認為，其促使「現代中國考古學的誕生，並成為一門象徵國家的科學」。

這批甲骨文證明了商朝的存在，而且「在這段充滿不確定、改變、混亂的時期，團結了中國知識分子……使其成為某種想像的共同體」，古老強韌文明的概念，撫慰了擔憂中國「步入最終衰敗」的心靈[24]。

正是在清朝末年，漢人才開始稱自己為「炎黃子孫」，逃亡的維新派人士梁啟超（一八七三年～一九二九年），很可能是第一個將「民族」一詞從日文引進中文的人。民族兩字，代表了人民和族群結合，是一個國家的身分認同[25]。

一八九六年，同樣流亡在外，來自廣東的反清革命分子孫中山（一八六六年～一九二五年），因遭倫敦的清廷特務試圖綁架回中國，一躍成為國際名人。

孫中山在一九〇五年成立反清的同盟會，使「中華民族」一詞大為普及，這個詞結合了中華文明的榮耀，以及梁啟超提出的民族身分，而後成為天子權力的象徵，以藍色出現在清朝國旗黃龍旗上的古老龍圖騰，也開始象徵更廣闊的民族榮耀和驕傲。

革命黨中也有非常激進的女性主義者，其中最著名的便是秋瑾（一八七五年～一九〇七年），她解開裹腳布、拋下媒妁之婚、穿上男裝，同時投身女權和推翻滿清的運動。她在一九〇七年被抓並遭處決。秋瑾有個朋友叫唐群英（一八七一年～一九三七年），來自湖南省，是清朝將軍之女，也是死忠的女性主義者，曾和俄羅斯的無政府主義者一同受訓，學習使用武器和製作炸藥，她也是同盟會的第一位女性成員。

此外，剪辮成了一種政治行為，海外的中國學生和外交官都曾因辮子遭到嘲諷，而追求現代化的人士，也認為這樣的髮型會在操作工業機器時造成危險，在軍事訓練和運動時也相當不便。孫中山便剪去了他的辮子，來自湖南的農村青年毛澤東（一八九三年～一九七六年）亦然。

一九〇八年十一月十四日，光緒皇帝因急性胃痛暴斃，二〇〇八年時，中國的鑑識科學家證實了流傳百年的謠言，即光緒死於毒殺，而剛從中風恢復的慈禧太后，也在一天後過世。光緒的毒殺案，最主要的嫌疑犯包含慈禧太后、擔心慈禧如果先死，光緒會為一八九八年事件報復的袁世凱，以及慈禧最喜愛、光緒最討厭的太監李蓮英[26]。

新任皇帝宣統皇帝愛新覺羅・溥儀（一九〇六年～一九六七年）登基時年僅三歲，登基全程嚎啕大哭。

一九一一年，廣州和位於上海附近的港口武漢爆發武裝起義，為清朝敲響死亡的喪鐘。一九一二年二月，朝廷宣布溥儀退位，中華民國正式誕生，兩千年的帝制邁入歷史。

第十一章

民國：宛如回到戰國時代，列強割據、中共崛起

即便革命派期待頗高，中國成為現代民主國家的過程仍頗為艱辛。帝國列強仍占據重要港口，繼續主張清廷答應的賠償。而各地軍閥割據，宛如回到戰國時代，也從民國建立就威脅到中央政府的統治。貪腐緊接而來，因此，民國初期可說仍動盪不安、極為分裂，正好為中國共產主義的興起，提供了完美的社會、知識、文化和政治養分。

清朝末年曾設立資政院，目的是在一九一七年轉型為君主立憲國家。一九一一年十月武昌起義爆發後，朝廷相當震驚，下令資政院起草憲法，選出總理。議員最終選出了「進步的」袁世凱，他雖曾囚禁光緒皇帝，後來卻負責帶領清軍和武漢的革命黨人談判，並透過大臣和攝政，協助說服溥儀退位。

一九一二年一月一日，孫中山獲選為中華民國臨時大總統，**同盟會改組為國民黨，首都也遷至南京，不僅是為了和帝制傳統徹底切割，也是為了削弱北洋軍閥的影響力，特別是本就覬覦總統之位的袁世凱**。臨時政府派遣代表團到北方和袁世凱議和，袁世凱則讓他們知道自己的實力，派兵進入北京燒殺擄掠，還破壞新設立的電報線。一九一二年二月，孫中山辭職，袁世凱得償所願。

一九一二年四月，臨時政府就像明成祖時代的官員，極不情願隨朝廷往北，勉強將首都從南京遷回北京，臨時大總統袁世凱將住所和辦公室，設在舊皇城內的中南海，並建造了一幢兩層樓的別墅，以仿路易十四（Louis XIV）風格的鏡子和精緻家具裝飾。依法，新國會必須在一年內召開，屆時總統將由全國民選決定。

唐群英曾指揮全由女性組成的部隊，為革命拋頭顱灑熱血，當她得知只有擁有財產、受過教育的男性才有投票權後，便率領支持者衝進國會，主張女性參政權，並要求國民黨解釋為何忽視性別平等的承諾，這群娘子軍砸破窗戶，還踢倒守衛。

還有一篇報導指出，唐群英「遽舉手抓其（宋教仁）額，扭其胡（同鬍），而以纖手（編按：女性柔細的手）亂批宋頰」[1]，孫中山則試圖以籠統的承諾安撫她們。最後，中國女性仍要到一九四七年才會獲得完整參政權。

▲ 做著皇帝夢的袁世凱性喜豪奢，某個冬天和外國使節開會時，乘著紅金雪橇到場，雪橇由穿著禮服和禮帽的僕人所拉。

針對統一語言的期望也非常高，在一九一三年的讀音統一會上，北方方言的支持者和那些想要綜合北方和南方方言、獨尊上海話、廣東話的各派支持者，發生激烈衝突。當時有一名北方代表聽錯上海人的話，誤以為對方是在咒罵他，因此上前揍了他一頓，這證明了確實需要一個所有人都能理解的語言，而最終則是由支持簡化版北京方言，類似官話的支持者獲勝[2]。

一九一三年一月的第一次大選結果，使國民黨成為國會無庸置疑的多數黨，但國民黨最受歡迎的年輕領袖宋教仁（一八八二年～一九一三年），於上海車站準備搭火車前往北京時，遭拿著白朗寧手槍的刺客暗殺，而幕後主謀始終不明，因為和袁世凱關係匪淺的嫌疑犯，也都遭逢厄運，在火車上被劍客砍死。

一九一三年五月，袁世凱宣布國民黨為顛覆組織，將國民黨議員逐出國會，支持國民黨的軍隊和袁世凱的軍隊展開激戰，史稱二次革命。

到了一九一四年，孫中山再度流亡，這次來到日本，以遠離混亂的局勢，並重新組織國民黨勢力反袁。

本身並非基督徒的袁世凱，此時還機巧的要求美國的基督徒為中國禱告，當時的美國總統伍德羅．威爾遜（Woodrow Wilson）聽到這個要求又驚又喜，馬上承認袁世凱政府的正當性，並放棄所有中國對美國的賠償[3]。英國不情不願的遵從，

▲ 孫中山是推翻滿清革命名義上的領袖，因此臺灣和中國都相當尊崇他。

同時要求西藏獨立，因為他們認為自己對西藏也有部分占有權。此外，俄國也主張蒙古獨立。後來袁世凱解散國會，停止行憲，使其大權在握。

第一次世界大戰於歐洲爆發後，和同盟國同一陣線的日本，接手了德國在山東省的特許權，一年後，東京政府提出所謂的「二十一條要求」，要求在中國擁有大範圍的經濟、政治、軍事特許權，包括中國東北的警察權；日本在日俄戰爭之後，已將東北地區視為囊中之物。消息一出，全國各地群情激憤，爆發反日風潮，史稱五九國恥，迫使袁世凱和日本重新交涉，取回部分權力。

一九一六年一月一日，袁世凱登上龍椅稱帝，自封中華帝國第一任皇帝，不僅他的外國顧問深感不齒，包括澳洲記者莫理循（George Morrison），許多先前忠心的將領也心有戚戚焉。民眾再次走上街頭，各地的軍閥也紛紛宣布獨立，為軍閥割據時代揭開序幕，六個月後，袁世凱羞憤死去，死因為尿毒症，享年五十六歲。

一九一七年六月，在出現新任總統、將中國支離破碎的民主修補好之前，保皇派的清朝將領、又稱「辮帥」的張勳（一八五四年～一九二三年）發動政變，重新扶植這段時間仍一直住在紫禁城內，年僅十一歲的溥儀復辟。

國民政府的空軍在紫禁城扔下三枚炸彈，只有一枚爆炸，炸傷了溥儀的一名轎夫，十二天後，溥儀第二次退位，不過仍獲准繼續住在宮中，辮帥則逃往荷蘭使館尋求庇護。

運氣不好的新總統也在此時上任，中華民國繼續往混亂和分裂沉淪，擁有堡壘和軍隊的軍閥割據各地，某些人是袁世凱的死忠支持者，其他則是混混或鴉片商，有個基督徒軍閥甚至用水管為士兵受洗，還有一名軍閥在推廣一種結合「軍國主義、民族主義、無政府主義、民主制度、資本主義、共產主義、個人主義、帝國主義、世界主義、家長主義（paternalism）和烏托邦主義」的政治思想[4]。

新文化運動：中國女權鬥士，比歐洲女性更前衛

新文化運動發源於中國西式大學的校園中，支持民主、法治、人權，也包括女權，一九一八年，新文化運動的代表雜誌《新青年》刊登亨里克・約翰・易卜生（Henrik Johan Ibsen）的劇作《玩偶之家》（*Et Dukkehjem*）後，主角諾拉（Nora）變成了年輕女性拒絕包辦婚姻的典範。

英國女權運動家、社會主義者、避孕推廣家朵拉・布雷克（Dora Black），便曾於一九二〇年至一九二一年，和情人暨未來的丈夫，大哲學家伯特蘭・羅素（Bertrand Russell），到中國度過十個月的時光。她對旅途中遇見的女學生，以及她們對所有事物的興趣——從自由戀愛和避孕，到社會改革——都留下深刻印象，並認為**這些年輕的女權鬥士，比最先進的歐洲女性還更前衛**[5]。

《新青年》的作家厭惡守舊陳腐的體制化儒家思想，批判其對「君子」概念，

也就是中庸、社會階級、忠君的執著，和現代化的中國社會格格不入。

《新青年》創辦人暨編輯陳獨秀（一八七九年～一九四二年）便認為，唯一可以「救治中國政治上、道德上、學術上、思想上一切黑暗」的，只有賽先生（科學）和德先生（民主）[6]。

《新青年》也提倡白話文，反對源自儒家經典、需要飽讀詩書才能理解的文言文，哲學家暨教育家胡適（一八九一年～一九六二年）便相當一針見血：「是什麼時代的人，說什麼時代的話。」[7]

新文化運動提倡的思想，不少都是從日本傳入中國，清末民初到日本留學的中國人，接觸到豐富的歐洲哲學、政治、其他領域文獻，這些文獻譯成日文流通，其中大量使用漢字，因而創造了各類現成的中文術語，包括警察、民主、文明等。

將這些文獻重新譯為中文的知識分子中，包括本名周樹人的醫學生魯迅（一八八一年～一九三六年），他放棄醫學，改而醫治中國文明的心病，撰寫批判中國傳統社會和文化的尖刻評論，並認為「他（文人）得像熱烈的主張著所是一樣，熱烈的攻擊著所非，像熱烈的擁抱著所愛一樣，更熱烈的擁抱著所憎——恰如赫爾庫來斯的緊抱了巨人安太烏斯一樣，因為要折斷他的肋骨。」[8]在魯迅的小說《狂人日記》中，最後一句「救救孩子」，在中國後續的社會運動中也會一再出現，成為口號，包括一九八九年由學生領導的抗議運動。

魯迅最著名的作品是中篇小說《阿Q正傳》，背景設定在晚清，和小說名稱同名、髒兮兮的「反英雄」主角阿Q是個無賴，中心思想是顧面子，最擅長的則是自我欺騙，會把每次失敗都變成精神勝利，對地位高者唯唯諾諾，對地位比自己還低者則處處欺凌。

魯迅說：「我的方法是在使讀者摸不著在寫自己以外的誰，一下子就推諉掉，變成旁觀者，而疑心到像是寫自己，又像是寫一切人，由此開出反省的道路。」[9]

毛澤東後來認為魯迅「算是中國的第一等聖人。孔夫子是封建社會的聖人，魯迅則是現代中國的聖人」、「用望遠鏡和顯微鏡觀察社會」。**即便現今中共漠視其作品中強調的人道主義，以及對教條和專制政權的批判，魯迅的影響仍非常深遠。**

第一次世界大戰期間，約有十四萬名華工前往歐洲，協助同盟國作戰，在碼頭上幫忙、挖掘壕溝、製造彈藥送到前線、修理坦克、建造軍營和野外醫院[10]，這些都是危險的工作，數千人因此喪命。

同盟國於一九一八年獲勝，中國人以為同盟國會將先前德國的特許權還給中

▲ 1919 年的五四運動從北京展開，後來和第二次反日風潮一同傳播至全國，但日本仍然不願意放棄他們在山東和其他地方的特許權。

國，以示感激，美國總統威爾遜不是提到國家間的平等，以及民族自決的權利嗎？但一九一九年四月流出的《凡爾賽條約》（*Traité de Versailles*）條文中，卻將德國在中國的特許權轉交給日本。

一九一九年五月四日，數千名大學生走上北京街頭，平民也加入他們的行列，朝天安門廣場和東交民巷前進，他們對自己的政府無法保護國家利益一事感到憤怒，其程度和對條約本身的憤怒不相上下。**五四運動和新文化運動結合，成為一次層面廣泛的長期社會運動**，目標相當多元，包括救國、政治改革、人權、文化革新、普及教育。這股社會、文藝和知識的浪潮，透過新鋪設的鐵路、公路、電報線及電話線，以及生氣勃勃的白話文報章雜誌，傳播到全國各地。

改革派人士亦受到文化老衛兵的反彈。生於馬來半島的北京大學英國文學教授、二十年前同樣反對百日維新的辜鴻銘（一八五七年～一九二八年），便認為若「北京的苦力、馬夫、汽車夫、剃頭匠、小夥計……等人都認得字，都要像北京大學生那樣去干預政治」。對此胡適則回答：「**民主的唯一途徑就是民主**。」[11]

社會正在改變：工業化創造了都市的勞工階級，提供女性邁向經濟獨立及農人脫離貧困鄉村的方法。即便是那些最懷念中國傳統的人，也了解已經不可能回頭了。筆名陶報癖的文學評論家陶佑曾（一八八六年～一九二七年），便曾以懷念的口吻提及纏足：「我們雖不會想要恢復古董，但何不欣賞已經存在的事物呢？」[12]

而且，不僅時代變了，連「時間」都改變了，中國在一九二〇年代，將沿用千年之久的陰曆轉換成陽曆，不過，傳統節日仍繼續按照農曆日期慶祝。現代性也彰顯在時尚潮流中，北京女性以滿洲男性的長袍為基礎，改良出舒適的旗袍，一開始風格較為寬鬆舒適，後來上海裁縫才將其改為如今的緊身樣式。

孫中山則受日本學生制服啟發，設計出實用的男裝款式，並予以推廣，也就是所謂的中山裝，在英文中，則以另一名熱愛者毛澤東為名，稱為「毛裝」（Mao suit）。

若說領事裁判權庇護了窮凶惡極的洋人，並吸引許多中國罪犯來到租界，那我們也不得不提到，租界同時也成為異議分子和革命家的法外天堂。一九二一年七月二十三日，有十三人在上海法租界內舉辦了中國共產黨第一次全國代表大會，參與者包括毛澤東，他們受到一九一七年的俄國共產革命啟發，認為中國需要的不只是漸進的改革和自由的思想。當時，中共黨員人數不到六十人，《新青年》的編輯陳獨秀獲選成為中共第一任中央局書記。

▲ 孫中山的妻子，是二十世紀最具影響力的中國女性宋慶齡，她常常穿著高領、由滿族男袍改良而成的旗袍，旗袍在廣東話中稱為「長衫」。

蘇聯共產國際（Comintern，俄羅斯共產黨國際聯合組織）也派出顧問參與，他們鼓勵中共和國民黨組成暫時性的策略結盟，統一戰線，一同對抗軍閥和帝國主義的侵略，其他的共產國際顧問則是說服領導廣東革命政府的孫中山，允許中共黨員以個人身分加入國民黨，史稱聯俄容共。一九二四年，毛澤東成為國民黨中央執行委員會的候補執行委員。

胡適認為蘇俄顧問在中共和國民黨中「輸入的鐵紀律含有絕大的『不容忍』（Intoleration）的態度，不容許異己的思想，這種態度是和我們在五四前後提倡的自由主義很相反的[13]」。

一九二四年，蘇聯協助國民黨在廣州建立黃埔軍校，培養中共和國民黨員成為軍官，曾在法國留學、溫文儒雅又精明的共產黨員周恩來（一八九八年～一九七六年）便曾擔任黃埔軍校的政治部主任。黃埔軍校的首任校長則是蔣介石（一八八七年～一九七五年），他是個死忠的反共分子，野心勃勃，還擁有黑道背景。

上海在這段期間成了世界上最繁華、也最生氣蓬勃的大都會之一，享有「東方巴黎」之美稱，中國的藝術家、導演、作家，甚至蕭伯納（George Bernard Shaw）和泰戈爾（Rabindranath Tagore）等外國名人，以及巴格達猶太人、無國籍人士和從俄國共產革命逃出來的難民等各形各色的人士，都受上海的兼容並蓄、文化、政治、知識交流的自由環境及商業機會吸引，齊聚一堂。

富有的中國人和洋人一起看賽馬、享用美食、住在西式的豪宅、到俱樂部跳舞，大膽的社交名媛也剪齊耳短髮，穿上爵士時代（Jazz Age）流行的短裙。

但上海的金碧輝煌也和絕望的貧窮並存，數萬名逃離軍閥的中國難民在此擔任廚師、僕人、車夫、碼頭工人、工廠工人和鑄場工人維生，他們的工作環境十分糟糕，沒有任何保障，為了爭取更佳工資和工作環境而罷工，只會迅速招來殘忍報復，中國和洋人老闆皆然。

一九二三年某次惡名昭彰的事件，便是軍閥的軍隊攻擊罷工的工人，導致三十五名工人遭射傷，工會領袖則被斬首。一九二五年五月三十日，在上海的另一場勞工衝突中，則是有一名日本工廠的守衛射殺工人，包括中國人和錫克教（編按：印度的一神教）警官在內的英國警察，朝示威者開槍，共有十一人死亡，二十人受傷，史稱「五卅（卅音同薩）大屠殺」。

這次事件引發全國各地的反洋運動，學生、工人、商人串聯發起「三罷」，但當學生、工人、小孩、農夫在廣州集結，聲援香港對抗英國人的大罷工時，卻遭英軍鎮壓，共造成五十二人死亡，超過百人受傷。

蔣介石大清黨，被疑為親共者，無一倖免

一九二五年，孫中山病逝，享年五十八歲，他年輕的寡婦宋慶齡，是白手起家的上海富商宋嘉澍的二女，懷抱著理想主義，因此非常厭惡蔣介石和他的極右派政治傾向，卻驚慌的發現蔣介石迅速在國民黨中崛起，受到保守的企業家、銀行家和金融家支持。

一九二六年七月九日，北伐總司令蔣介石發動北伐，目標是打敗北洋軍閥、統一中國，手下的軍隊由共產黨員和國民黨員組成，年底北伐軍便抵達長江的工業港口武漢。**共產黨想要繼續揮軍北上，進攻北京，蔣介石則決定往東攻打上海，北伐軍因而分裂**，由共產黨員和同情他們的國民黨員留在武漢[14]，史稱寧漢分裂。

當時，中國全國共有近五百個工會，代表近百萬工人，一九二七年三月，上海的工會發動全市罷工，以迎接朝上海而來的國民黨部隊。

在上海幫派青幫及軍閥的協助之下，蔣介石完全沒有警告先前的中共盟友，便

大舉屠殺工會會員，並逮捕、折磨、殺死所有疑似同情共產黨者，從學生到不識字的農夫都無一倖免。

廣州的國民黨軍隊也同步圍捕數百名當地的蘇維埃（soviet）成員，辨認的方法是手染紅領巾在脖子留下的汙漬。為了節省子彈，士兵把這些左派分子綁在一起，扔進珠江淹死。位在毛澤東家鄉湖南省的長沙，共產黨員死傷也相當慘重，根據估計，在一九二七年四月到十二月的清黨期間，約有將近七萬名共產黨員和相關人士死亡。

而在這場大屠殺期間，蔣介石則透過迎娶宋慶齡之妹宋美齡（一八九八年～二〇〇三年），躋身上流社會，宋慶齡相當震驚。至於保守的大姐宋靄齡（一八八九年～一九七三年）和其富商丈夫暨孔子第七十五代子孫、後來成為蔣介石財政部長的孔祥熙（一八八〇年～一九六七年），則是相當高興。

一九二八年一月，蔣介石成為國民革命軍總司令、國民黨中央執行委員會主席、南京政府的領導人，國民黨和中國政府已如此密不可分，連中華民國的國旗上都有國民黨的青天白日黨徽。此後，蔣介石繼續未完的北伐，這次軍隊中已沒有共產黨員。

第十二章

日本入侵、內戰爆發，中華民國崩毀

末代皇帝溥儀過著古怪浪蕩的生活，從童年起身邊就圍繞著太監和失能朝廷的其他成員，他甚至從沒出過紫禁城。一九二二年，溥儀剪去辮子，受牛津大學畢業的家教莊士敦（Reginald Johnston）啟發，決定逃往英國，但莊士敦拒絕為他叫車，他便放棄了這個念頭。

也是在那年，溥儀和滿洲貴族婉容（一九〇四年～一九四六年）成親，她從小接受西式教育，嫁妝是十八頭綿羊、兩匹馬、四十四綢緞，但新婚之夜時，溥儀太過緊張，只好逃下床第。不過兩人相處頗為融洽，就像同齡的孩子般玩耍，在紫禁城長長的迴廊間用腳踏車比賽。

兩年後，馮玉祥攻進北京，褫奪溥儀的帝位，並給他三個小時打包搬離，溥儀的夢幻皇室生活就此告終，但只是暫時的而已。

日本外交官協助溥儀和他的隨從，包括一名嬪妃，在天津的日本租界安頓下來，婉容對無所不在的太監和朝臣感到厭煩，因為他們並不贊同她對跳舞、網球和爵士樂的熱愛，於是沉浸在鴉片的氤氳夢境中。溥儀則會和他的狗玩耍，前往洋人的男士俱樂部，並常和遠房親戚、號東珍的愛新覺羅．顯玗，即川島芳子往來。

川島芳子是個豔麗的雙性戀滿洲公主，從小在日本長大，常常扮成男裝，但溥儀不知道的是，川島芳子其實有情人在關東軍中，而且也為他們刺探情報，關東軍是日本的特別部隊，專門負責護衛日本在中國東北的鐵路和其他資產。

一九二八年六月三日，軍閥張作霖（一八七五年～一九二八年）搭乘火車，正準備返回位在滿洲心臟地帶的基地，這時，他已經和日本人達成協議，負責保護他們的投資，日本則協助他對抗其他軍閥。

日本人還積極說服張作霖脫離中華民國，和他們一起統治東北，但遭張作霖拒絕，某些關東軍的將領不顧東京的意思，決定自己處理，炸毀張作霖的火車。他們認為張作霖之子——風流、女性化、鴉片成癮的「少帥」張學良（一九〇一年～二〇〇一年）會比較合作，但日本人低估了張學良，他選擇丟下鴉片煙斗，和國民黨並肩作戰。

三年後，一九三一年九

▲ 清朝的末代皇帝溥儀。1931年，日本人提議重新讓他登上皇位，此後他在歷史上扮演的角色，就不再只是個古怪的小臨演了。

▲ 日本在滿洲人的家鄉東北的投資，自日俄戰爭後穩定成長，並於占領該區後，將其重新命名為滿洲國。

月，關東軍入侵並占領滿洲，日本人很可能是透過川島芳子得知，溥儀對蔣介石有多生氣，因為他容許和國民黨結盟的軍閥，洗劫清朝祖先的陵墓，因而邀請溥儀再次成為皇帝，這一次統治的是他祖先的家鄉滿洲國，而溥儀同意了。

聯合國的前身國際聯盟（League of Nations）譴責日本的行為，宣布滿洲國是傀儡政權，爾後日本便退出國際聯盟。

隔年，川島芳子便帶領

部隊鎮壓反對日軍占領滿洲的叛亂。

中共形象像小清新，國民黨卻散發腐敗惡臭

蔣介石不顧眾人要求他專注抗日的呼聲，仍持續對付共產黨，透過模仿貝尼托・墨索里尼（Benito Mussolini）黑衫軍的法西斯準軍事部隊，來組織藍衣社（編按：三民主義力行社，最早由一些黃埔軍校學生組成），處理、折磨、殺害疑似同情共產黨者，其中便包括魯迅最喜愛的學生及四名年輕作家。

一九三一年，魯迅還為此寫了一首無題詩，提及：「忍看朋輩成新鬼，怒向刀叢覓小詩。」

中國軍隊和日軍在上海發生衝突後不久，一九三二年一月二十八日，日軍轟炸上海，歷史學家芭芭拉・塔克曼（Barbara W. Tuchman）指出，這是史上第一次恐怖轟炸，而該地區的平民「日後將對此越來越熟悉」[1]。

而阿道夫・希特勒（Adolf Hitler）手下的禿鷹軍團（Legion Condor），五年後也轟炸了西班牙巴斯克自治區的城鎮格爾尼卡（Guernica），之後還出現更慘絕人

寰的轟炸。

蔣介石政府最終和日本簽訂停火協議，從上海和鄰近的城市撤軍，使這些地區受日本「保護」。

這段期間，中共則是在鄉下，包括東部的江西和福建等地，建立了革命根據地，也就是蘇維埃區域，並在當地策動貧窮的農民和鄉村勞工對抗地主，稱為土地改革，邀請窮人在批鬥中，一同以言語和肢體方式虐待「階級敵人」，有時還會鬧出人命。

中共接著將土地分給農民，不僅獲得他們的感激，也可以在農民涉入革命暴力時，灌輸他們階級意識，如同毛澤東在一九二七年所寫：「革命不是請客吃飯，不是作文章，不是繪畫繡花，不能那樣雅致，那樣從容不迫文質彬彬，那樣溫良恭儉讓。革命是暴動，是一個階級，推翻一個階級暴力的行動。」[2]

中共和國民黨都會用暴力達成目的，但中共似乎是為大眾奮鬥，國民黨則只在乎精英；中共形象清新，國民黨則散發腐敗的惡臭。另外，中共也訴諸愛國主義，積極呼籲國民黨抗日，但國民黨給人的印象，卻是對剿滅中共更有興趣，使中國的情勢越來越對立。

當時某些重要的文人，包括魯迅的弟弟暨評論家周作人（一八八五年～一九六七年）、信仰佛教的溫和藝術家暨散文家豐子愷（一八九八年～一九七五年）、幽默的雜文家暨翻譯家林語堂（一八九五年～一九七六年）、上海暢銷作家張愛玲（一九二〇年～一九九五年），皆不願意選邊站。

但是，對國民黨貪腐無能的不滿，以及對蔣介石不願抗日的憤怒，仍讓許多知識分子、藝術家、導演變得相當激進，往共產黨靠攏。而包括胡適在內的某些人，則選擇了國民黨。不過，到了一九三〇年代初期，國民黨很明顯已失去民心。

在蔣介石夫人宋美齡的主導下，國民黨想出了一個新奇的解決方法，即結合《新約聖經》教義、儒家思想、專制主義，以及美國作家艾蜜莉．普斯特（Emily Post）所推廣之禮儀，形成新生活運動，由藍衣社負責推動。

新生活運動的綱領以正式的半文言文寫成，這種文字從五四運動後就已經退流行，而且需要充分知識才能理解。在各式各樣的事情之外，新生活運動還鼓勵民眾讓家中保持通風，馬桶刷得閃閃發亮，這對宋美齡和她的僕人來說很容易沒錯，但對農民或睡在擁擠租屋及街頭上的都市窮人來說，可就沒那麼簡單了。

一九三四年九月，蔣介石在一場演講中宣布新生活運動正式展開，他還在其中斥責中國人「暮氣沉沉」、「不明禮義，不知廉恥」，形同與現實脫節[3]。

兩萬五千里長征，示意未來是毛澤東的時代

同年，日軍持續蠶食鯨吞中國之際，國民黨則專心圍剿江西蘇區的共產黨。一九三四年十月十六日，約十萬名共產黨員、支持者、士兵及農夫，突破國民黨的封鎖，帶著他們的牲畜、武器、補給和裝備往西逃離。所有士兵之中，只有約三十名女性，包括周恩來的妻子鄧穎超（一九〇四年～一九九二年），這次軍事撤退，後來被稱為長征。

▲ 強調禮儀和清潔的新生活運動展開後，馬上遭到嘲笑和蔑視，也凸顯了國民黨和其統治的百姓之間的隔閡。

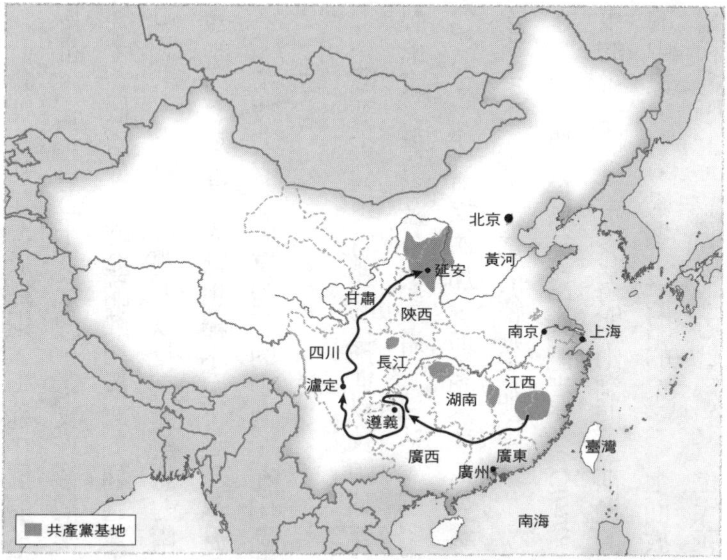

▲ 美國記者兼作家斯諾表示，中共的長征讓古代迦太基軍事家漢尼拔（Hannibal）翻越阿爾卑斯山脈的征途，顯得像遠足般輕鬆。

一九三五年一月，參加長征的紅軍來到貴州遵義，在此討論黨和莫斯科的關係，一行人離開遵義時，已不再聽命於共產國際，毛澤東支持的是打游擊和鄉村革命，和共產國際顧問的意見牴觸，還曾因此遭中共領導層逐出三次。不過，他很快就會成為中共的領導者[4]。

艱辛的十個月後，紅軍終於抵達隔絕的貧窮城鎮延安，此時，他們已經在西安北方荒涼的丘陵跋涉了三百四十公里。

長征起初是源於撤退，但途中展現的堅忍不拔、勇氣及最終的存活，使其成為傳奇，在三百五十八天內，這支衣衫襤褸的軍隊跋涉將近一萬公里的漫漫長路，途經十一個省分，經歷酷熱和嚴寒，翻過雪山、涉過急流、行過沼地，還要時時對抗國民黨、土匪、軍閥，以及充滿敵意的南方少數民族。紅軍在過程中失去了補給和幾乎所有炮彈，人數也縮水至不到三萬五千人。精疲力盡卻欣喜若狂的中共，在山區黃土丘挖出的窯洞中安頓下來，計畫下一步行動。

隨著中共史詩般的長征以及順利存活的消息傳回東部，左傾的異議分子、藝術家、作家及外國記者，包括美國記者、《紅星照耀中國》（*Red Star Over China*）作者埃德加・斯諾（Edgar Snow）和艾格尼絲・史沫特萊（Agnes Smedley）等人，都前往延安朝聖。

史沫特萊便在《中國記者》（*China Correspondent*）一書中，記錄了她對毛澤東的第一印象：「我撥開山洞門上補過的棉布簾，踏進漆黑的洞穴中，在這團黑暗的中央，有一張做工簡略的桌子，上面放著一支長長的蠟燭，燭光映照在成堆的書籍和紙張上，並照出上方低矮的黃土天花板。」

史沫特萊接著看見一名穿著縫補過厚大衣的修長男子，「這個修長可怕的身影慢慢朝我們走來，並以頗高的聲音歡迎我們，接著兩隻手握住我的手，這兩隻手就和女人的手一樣修長纖細……」。史沫特萊和毛澤東熟識之後，則這麼形容他：「（毛澤東）和驢子一樣固執，充滿鐵桿般的驕傲和決心，我有個印象，覺得他或許會蟄伏觀望數年，但最終仍是屬於他的時代。」[5]

前衛的上海記者黃炎培（一八七八年～一九六五年）也來到延安，他詢問毛澤東，中共計畫怎麼處理繼承的問題，並防止朝代衰敗的週期，毛澤東回答道，已經找到了「新路」，就是民主[6]。

長征為中共帶來英雄般的起源故事、扎根鄉村和平等主義的氣質、紀律嚴明及越挫越勇的領導層，毛澤東便是在那個放著蠟燭和書的山洞中，跟祕書陳伯達（一九〇四年～一九八九年）合作，寫出定義中國共產主義獨特意識形態的論文和講稿，即「毛澤東思想」。

這些重要的著作，包括了〈在延安文藝座談會上的講話〉，其中闡明藝術的目的，是服務革命和「工、農、士」的原則，這份文件可說決定了整個毛澤東時代的文化政策，至今仍相當重要。

一九四二年，中共發動延安整風運動，替未來的思想改造運動及意識型態相關整肅打下模板，要求成員透過嚴格的批評、自我評斷、「鬥爭」和懺悔來重塑自己的思想，也有「脫了褲子割尾巴」和「洗澡」的說法[7]（編按：象徵破除舊思想，即洗掉內心深處自私自利的骯髒想法）。

這項運動針對的對象包括作家王實味（一九〇六年～一九四七年），他曾批評中共耽溺於階級特權，以及那些他們誓言消滅的傲慢行為，王實味寫道：「沒有半個伙伕會妄想與『首長』過同樣的生活。」[8]。

此外中共也懲罰女性主義作家丁玲（一九〇四年～一九八六年），因為她指出了黨內的父權思想和性別不平等。從中共針對王實味、丁玲和其他延安作家的暴力，我們可以看出，中共已背棄五四運動的部分遺產，也就是人道主義、兼容並蓄和個人主義。

一九四七年，中共在國共內戰中為躲避國民黨攻擊而撤離延安時，因為不願帶著王實味離開，也不想丟下他，所以選擇將其斬首。直到四十四年後，他們才承認當年處決王實味是個錯誤。

曾拒絕履行第一段包辦婚姻的毛澤東，也在延安遇見第四任妻子，來自上海的電影演員江青（一九一四年～一九九一年）。一九三〇年，某個和國民黨結盟的軍閥折磨並處決其第二任妻子——二十九歲的楊開慧（一九〇一年～一九三〇年）；她是共產黨員，為毛澤東生下三個孩子，即便毛澤東在她死前兩年為第三任妻子賀子珍（一九一〇年～一九八四年）拋棄她，楊開慧仍拒絕背叛毛澤東或脫離革命。

賀子珍則是個勇敢奉獻的游擊隊員，為毛澤東生下六個孩子，但大部分都不幸夭折或在戰亂中失蹤，毛澤東最後在延安和賀子珍離婚，娶江青為妻。

而在城市中，學生和各界仍持續呼籲蔣介石對抗魔爪越來越深入南部的日軍，但**蔣介石認為日軍的入侵只是「皮膚小病」，共產主義才是心腹之患**，因此**拒絕中共和國民黨組成第二次共同陣線、一同抗日的提議**。

西安事變使國共二度合作，向日本全面開戰

一九三六年十月，毛澤東和周恩來聯絡上張學良，向他提議，深受蔣介石信賴的張學良於是編造了一個故事，請蔣介石飛來西安，並和國民黨將領楊虎城（一八九三年～一九四九年）一同在華清池，也就是唐玄宗觀賞豔麗的楊貴妃入浴

的古代溫泉名勝，挾持蔣委員長，史稱西安事變。遭到突擊的蔣介石只好不情不願的同意第二次國共合作，之後他軟禁張學良，並處決楊虎城作為報復。

一九三七年七月七日，日軍在北平西邊十六公里處，擁有七百年歷史的盧溝橋挑起紛爭，正式展開侵華行動，攻打長城南方的區域，日軍侵華戰爭的別稱「八年抗戰」，便是由此日開始算起。

八月，日軍坦克已開進北平前門大街，國民黨棄城，日軍便將北平當成中國北方的行動基地，到了十一月，上海、廣州、漢口都已淪陷，國民政府撤守南京，逃往重慶。日軍在南京的六個星期間，大肆屠殺百姓、強姦民女致死，還犯下無數髮指罪行，包括刺死嬰兒等，根據估計，百姓加上戰俘的死亡人數高達數十萬，史稱南京大屠殺，迄今在中國仍會引起強烈情緒，歷史文獻、書籍、電影，還有一座紀念博物館中，皆可見證這段血跡斑斑的歷史。

另一項惡名昭彰的日本戰爭罪行，則是發生在滿洲國的祕密「生化武器研究中心」，日本帝國陸軍七三一部隊在此進行的醫療實驗，和納粹醫生約瑟夫·門格勒（Josef Mengele）在歐洲集中營進行的實驗相當類似。日軍用炭疽熱和傷寒病毒感染中國和俄國戰俘，甚至對孕婦進行活體解剖，總計約有三千人死亡，帶來的痛苦無以估量[9]，二戰結束後，美國豁免罪犯，以交換其研究數據[10]。

一九四〇年，日本在南京扶植傀儡政權成立，由親法西斯的汪精衛（一八八三年～一九四四年）擔任主席，他是孫中山當年的革命同志，在孫中山死後，則成為蔣介石在國民黨中最大的政敵。一般認為，汪精衛是和日本合作的漢奸中，最惡名昭彰的一個，等同法國維琪政權的菲利普．貝當（Philippe Pétain，由於在二戰中宣布投降，在戰後被視為叛國者）和挪威的維德孔．奎斯林（Vidkun Quisling，二戰結束後，侵吞公款、謀殺及叛國罪名成立，判處死刑；奎斯林在歐洲多國語言中亦成為通敵者或賣國賊的代名詞）。

一九四一年十二月八日，日軍入侵香港，幾個小時後便突襲珍珠港，美國參戰後，蔣介石政府也加入同盟國，一同對抗軸心國，不過，要再過上數十年，等中共產生與臺灣建交的渴望時，中共才會承認國軍在抗日戰爭中有所貢獻。我們可以相信，多數的大型戰役都由國民黨部隊負責，共產黨部隊則專精挖牆腳和打游擊，讓日軍在攻打中國廣袤腹地的過程中不堪其擾。

戰爭結束時，國民黨已經失去美國盟友的善意，就連死忠的反共出版家亨利．魯斯（Henry Luce），都在《生活》（*LIFE*）雜誌上刊登一篇文章，痛罵國民黨

「由腐敗的政治派系掌控，這個派系結合了坦慕尼協會（Tammany Hall，紐約政治組織）和西班牙宗教裁判所（編按：監禁和處死異見分子的異端裁判所）某些最糟糕的特質。」[11]

一九四四年，來自江蘇的物理學家吳健雄（一九一二年～一九九七年）加入了曼哈頓計畫（Manhattan Project），在世界第一枚原子彈的發明上，做出重要貢獻。一九四五年八月六日和八月九日，美國以原子彈轟炸廣島和長崎，這是史上迄今針對平民最可怕的恐怖轟炸。一九四五年九月二日，日本投降，二戰結束。

中日戰爭後就受日本統治的臺灣，也回歸中國治下，當時的美國總統老羅斯福（Franklin D. Roosevelt）原先也想要英國將香港還給中國，但他在二戰結束前幾個月過世，因此香港仍是由英國控制。遭到罷黜的滿洲國傀儡皇帝溥儀試圖逃往日本，卻被蘇聯抓住，送往西伯利亞，後來報紙報導一名「穿男裝的美女」被捕，三年後川島芳子即因叛國遭到處決。

蔣介石政府在戰爭時，透過印鈔票來維持經濟，導致中國在戰爭結束後遭逢惡性通貨膨脹、大量失業、食物短缺，即便這些危機已步步逼近，蔣介石仍專心致志想將共匪連根鏟除。中國都還沒有時間悼念戰爭中死去的將近四百萬名士兵和兩千萬名平民，就又再度被捲入血腥的內戰之中。

日本投降時，已成長到百萬規模的紅軍，也更名為人民解放軍，士兵嚴格遵守規定，不得調戲婦女、損壞莊稼，在沒被允許的情況下，甚至不能拿群眾「一針一線」，搶劫者會被槍斃。

相較之下，**國民黨部隊軍紀渙散、極度絕望，某些人還涉入黑市交易、大發戰爭財**，而且**甚至有許多士兵需要用繩子綁在一起行軍，才不會逃跑**，雖然還是有數萬人成功逃跑。和其相比，解放軍可說形象清新許多。

國民黨犒賞軍隊功勞的方式，就是印更多鈔票，並開始販賣國家的黃金儲備，讓全中國陷入更深的金融危機，解放軍則繼續在其控制區域進行土地改革，懲罰地主和當地的望族，並沒收他們的財產，而這些人正是國民黨在鄉村地區的主要支持者。

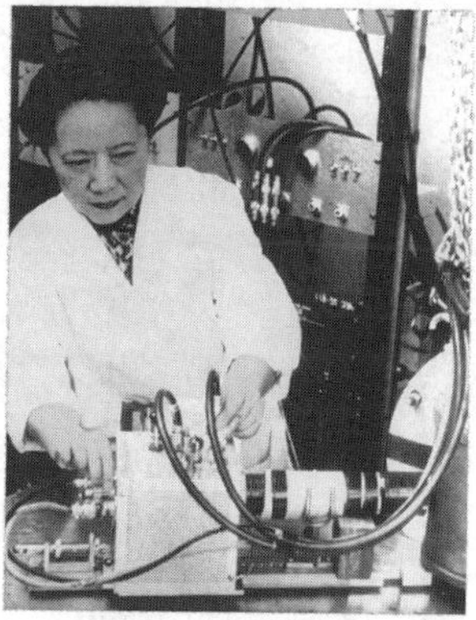

▲ 吳健雄大學時曾一同抗議國民黨不願抗日，在史丹佛大學取得博士學位後，她協助打造了終結二戰的原子彈。

二二八事件，種下臺灣獨立運動的種子

深陷內戰的國民黨，也忽略了臺灣的情況，一九四五年，在經歷半個世紀的日本殖民統治後，多數臺灣人都相當高興能夠回歸祖國統治，但是統治臺灣的國民黨官員卻相當專制、腐敗、無恥。

一九四七年二月二十八日，一名官員以手槍打傷疑似販賣私菸的寡婦後，情勢一觸即發，憤怒的民眾群聚抗議，另一名官員開槍射擊，造成一名男子死亡。抗議越演越烈，國民黨政府不僅頒布戒嚴令，後續處置也越發凶殘，根據估計，國民黨軍隊總共殺害高達兩萬八千人，而當時臺灣的總人口數還不到一千萬[12]，這次事件史稱二二八事件，也種下了臺灣獨立運動的種子。

二戰期間，美國借給蔣介石政府數億美元，並提供軍事裝備、顧問，以及志願部隊飛虎隊的空中支援，即便參戰的美軍大多認為蔣介石不得人心又腐敗，美國政府仍相當擔憂蘇聯巨大的野心，認為中國可能會成為蘇聯的滿洲國。

一九四七年，當時的美國總統哈瑞．杜魯門（Harry S. Truman），終止了美國長久以來不干預他國內戰的政策；兩年後，當情勢已然顯示中共將贏得內戰，

▲ 雖然毛澤東在 1949 年 10 月 1 日後，還會站上天安門廣場的講臺許多次，他卻從未踏進紫禁城，甚至還曾考慮將其拆除。

杜魯門的國務卿迪恩・艾奇遜（Dean Acheson）承認道：「中國內戰的不幸結果，已經超出美國政府的控制範圍，是令人遺憾卻無法否認的事實。」[13]

國共內戰的傷亡統計數據各有差異，某份中國報告宣稱，共有將近二十六萬四千名解放軍士兵和一百七十萬名國民黨士兵傷亡，平民的傷亡人數則沒有可靠的數據。

獲得農民支持的中共，運用稱為統一戰線工作的活動來招募自由的知識分子、民主小黨的成員、專業人士和企業家，並請他們透過中國人民政治協商會議，也就是政協，來為黨提供建議。

毛澤東使用《西遊記》中美猴王的「法寶」一詞形容統戰，說統戰將會帶領中共獲得勝利。一九四九年九月二十一日，他還告訴政協，中國人「從此站立起來了」，不過此時蔣介石並未投降。

不到兩個星期之後，在一九四九年十月一日，五十五歲的毛澤東站在天安門廣場的講臺上，於包含宋慶齡在內的中共同志和盟友之間，宣布中華人民共和國正式誕生。

一九四九年十二月，蔣介石帶著約兩百萬人的部隊和追隨者、故宮博物院的六十萬件文物，以及仍舊遭到軟禁的張學良，一同撤退到臺灣，國民黨也向許多知識分子提議帶上他們，胡適便接受了，但多數人仍留在中國。

蔣介石原先想把臺灣當成反攻大陸的基地，但是就像三百年前反清復明的鄭成功一樣，蔣介石永遠都不會再回到中國，共產黨已然獲勝。

第十三章

毛澤東年代：君王和士大夫下臺，掌權的是革命分子

中國的歷史學說在一九四九年發生劇變，這一年後來被稱為「解放之年」。傳統中國史家以天命來解釋朝代的盛衰興替，擁有美德的開國君王會獲得天命，腐敗的後代將失去天命。

馬克思主義則將歷史視為達成共產主義的過程，但卡爾．馬克思（Karl Marx）的模型沒辦法解釋中國的歷史，因為馬克思主義源自歐洲的歷史經驗，而且包括革命前的資本主義階段，所以中共的思想家根據中國的現況，做了些微調整。

多數人只會簡單將歷史分為兩個階段：解放前和解放後，中國的正史仍然維持其說教式的道德框架，但英雄的原型已經改變，賢明的國君和士大夫走下舞臺，換反叛的革命分子登場。中共的歷史惡人清單打從一開始就很長，後來甚至還會納入某些創始人。

但是，新中國仍從未完全擺脫古代歷史發展的模式和概念，如擔憂腐敗和繼承危機將摧毀政權，統治者也可能再度失去天命。

中共在中南海安頓下來，也就是忽必烈建造宮殿、明世宗生悶氣、光緒皇帝遭軟禁的地方，袁世凱和日本人亦將其當成根據地。袁世凱於天安門西邊新開的新華

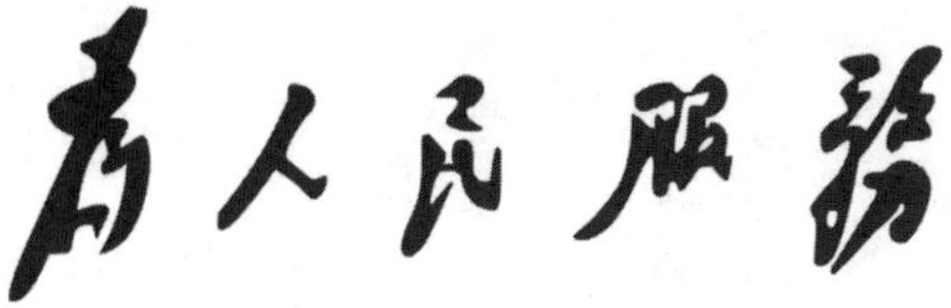

▲ 毛澤東所題的「為人民服務」，在中共的論述中，人民代表的是支持革命和共產黨的廣大群眾。

門內，立著一塊巨大的紅色石壁，毛澤東在上面以他獨特的書法，題上大大的金字：為人民服務。

中共起初也面臨秦朝以降多數朝代遭遇的各式挑戰，其中一個便是重建戰後經濟。由於缺乏工業化的經驗，他們向蘇聯尋求協助，一九四九年毛澤東訪問莫斯科時，蘇聯總書記約瑟夫・史達林（Joseph Stalin）承諾借給中國三億美元，並協助中國發展工業及海軍。

一九五〇年的《土地改革法案》，將土地改革的政策擴張到全國，把所有可耕地劃歸為國家掌控，並分配給負責耕作的農民。此外，為了對抗根深蒂固的貪腐，中共也呼籲人民舉報浪費國家資源、欺騙國家財產、盜竊國家經濟情報等犯罪行為。

接著，還有平定邊境的問題。國共內戰期間，維吾爾獨立運動在新疆北方建立了東突厥斯坦共和國，後來解放軍靠蘇聯的幫助攻下新疆，新疆從此歸共產黨統治，並成為「自治區」，理論上有自治的權力。

西藏則是在大約五十年間，陸續由半殖民的英國官員、藏傳佛教的神權統治者、軍閥和國民黨統治。一九四九年至一九五一年間，發生了一系列中共稱為「和平解放」，西藏獨立支持者稱為「入侵」，某些獨立學者則稱為「併吞」的事件，西藏政府被迫坐上談判桌，和北京簽下《十七條協議》，承諾西藏的宗教自由及自治權，並成為中國的另一個自治區。

解放軍也從國民黨殘部手中攻下海南島。在一九五〇年代，他們還會和國民黨軍發生大大小小的衝突，包括在沿海的福建省及國民黨控制的金門和馬祖互相轟炸。

彷彿是為了強調國家統一的重要性，中共還廢除了民國時代採用的時區，中國境內所有時鐘，從東邊的海岸到將近三千公里外的新疆烏魯木齊，時間都統一為北京時間。

二戰末期，美國以北緯三十八度為界，切分朝鮮半島，並在南邊駐軍；一九五〇年，北韓領導人金日成通知毛澤東，他計畫重新統一朝鮮，如果美軍參戰，他希望中共也能支援。毛澤東謹慎承諾如果敵軍跨越緯線，中國就會參戰[1]，如同他告訴史達林的，他認為中國需要三年至五年的和平時間，以便把經濟恢復到戰前水準並穩定國內局勢。

一九五〇年六月二十五日，金日成帶著俄軍坦克進攻南韓，聯合國部隊和美軍將他逼回邊界，這場衝突很可能就此結束，但美國總統杜魯門希望金日成政權垮臺，歷史學家麥克．彭布羅克（Michael Pembroke）在《朝鮮：美國世紀展開之地》（*Korea: Where the American Century Began*）一書中便寫道：「如同自此之後經常發生的情況，華盛頓方面的意識形態及對軍事行動的高度興趣，造成了規模更大的嚴重衝突。」[2]

美軍跨越北緯三十八度後，毛澤東派出約三百萬「志願軍」參戰，這個名稱是為了避免直接和美國宣戰，史稱抗美援朝，中國和北韓並肩作戰，使震驚的美軍撤回邊界。一九五三年，聯合國代表和中國及北韓軍隊簽訂停戰協議。

韓戰讓朝鮮減去十分之一的人口，中國方面則折損約四十萬名士兵，包括毛澤東和楊開慧所生的長子毛岸英（一九二二年～一九五〇年）在內，受傷人數則比這個數字還多出數萬人[3]。

韓戰也使美國原本就受政治人物約瑟夫．麥卡錫（Joseph McCarthy）及其主

▲ 1953 年，史達林逝世，毛澤東頗為震驚，哀悼其為世上最偉大的人物和天才，中蘇關係自此之後開始惡化。

義反共獵巫行為點燃的「紅色恐慌」加劇，並催生了孤立偏執的北韓政權，迄今仍為中國帶來無數外交和實質難題。毛澤東則在一九五〇年代末期，和後史達林時代的蘇聯領導層交惡後，擁抱孤立主義，並稱其為自力更生。

中共受蘇聯啟發，打造了全新的統治系統，即兩個平行的官僚體系，一個屬於黨，一個屬於國家，至今仍持續沿用。

總書記負責掌管制定政策的黨，全國人民代表大會負責立法，而黨的首長暨國家領導人則由國家主席擔任，英文有時也稱為 president；此外，黨也掌控國家的軍權。

國務院負責監督政策及執行法律，中共的中央宣傳部負責宣傳政策和法律相關資訊，並監督相關活動，政府的所有層級都是雙首長制，如城市就會同時擁有市長和中共的黨委書記。中共負責領導國家，並選擇領導同志擔任政府高階職位，所以常用「黨國」（party-state）這個並不百分之百理想的詞來形容。

為黨或國家服務的人，都稱為幹部，依據分級制度劃分，決定他們的特權和權利。即便中共官方信奉平等主義，在階級劃分上卻一直非常嚴謹，從特別食物的配給、「毛裝」的品質，到媒體刊載的照片大小和位置等，都有規定[4]。

國家的政黨、立法和顧問機構、國家層級的協會，例如作家協會或婦女協會等，在地方層級都有對應的單位，中央一聲令下、地方群起響應，至少理論上是這樣。但是，有句話說：「上有政策，下有對策。」和「天高皇帝遠」的意思差不多，值得謹記在心。

百花齊放——但不久後，滿地都是花瓣

百年的侵略、戰爭、政治動盪，使中國社會一片混亂，疾病橫行，卻幾乎沒有健康照護措施，就算是在首都，公共衛生建設也相當原始，此外，還有八成人口是

文盲。

中共剛建國的那三年，建立了新的公立學校，開始簡化書寫系統，並在中國各地興建診所，診所數量從八百間成長到將近三萬間。這段期間，醫院的病床數也加倍來到十六萬零三百床[6]。政府同時設法根絕天花、瘟疫、霍亂、各式性病，藥物成癮者前往勒戒，藥頭則被送至刑場，至於妓女則被集中起來重新訓練一技之長，有些成為護士，皮條客亦遭到槍斃。

中共以毛澤東一九四二年針對藝術和文學功能發表的談話為歸依，動員藝術家、作家、演員及導演來協助宣傳政策，電影和劇場成為向半文盲群眾傳遞資訊的重要媒介。中共之後將建立正式的文化監督和審查系統，但在一九五一年，創作者還不確定中共期待的藝術為何，因而有不少新電影甫完成便遭到查禁。

一九四九年以前，電影觀眾人數非常少，大多集中在都市，而這時期巡迴的電影放映團隊，則是將螢幕帶到最偏遠的村莊，一團團演藝人員將中共的訊息傳播到城市之外，受歡迎的作品包括老舍的話劇《龍鬚溝》，講述一個貧窮北京社區蛻變至社會主義的過程，老舍也憑這部作品獲得榮譽的「人民藝術家」稱號。

中共將所有人民根據職業、參政史、家庭背景，劃分為不同的社會階級，如果屬於貧農、革命幹部、革命烈士家屬，就能得到好處，包括在政治上值得信賴等；地主、資產階級和反革命分子則是低下的階級。一九五〇年至一九五三年間，中共殺害了將近兩百萬名反革命分子，包括留下的國民黨支持者[8]。

階級決定了一切，從接受高等教育的機會到找到伴侶的可能性，都寫在人民的檔案中，等於是伴隨他們一生的祕密卷宗，包含來自學校老師、老闆，甚至舉報人的報告。不過仍是有些許彈性，像是資產階級可以透過捐贈重要的資產給國家，如工廠或公司，而成為「紅色資本家」，企業主若不願配合，就會沒收財產，到了一九五六年時，中共掌控了全國所有企業和公司，包括完全掌控或部分掌控[9]。銀行業也收歸國有，新的貨幣稱為人民幣，基本單位為元。

一九五三年，中共展開第一個蘇聯式的經濟「五年計畫」，而根據一九四九年後首次大型人口普查的數據顯示，一九五三年時，全國人口共有八九％，即五億八千三百萬人居住在鄉村地區，第二階段的土地改革及農業合作化，正在鄉村如火如荼的進行，要將分配給農民的土地，轉變為兩百至三百戶農家組成的農業合作社。

一九五四年至一九五八年間，合作社的規模成長為人民公社，毛澤東還斥責某些擔心改革進展太快的同志：「像一個小腳女人，東搖西擺的在那裡走路，老是埋怨旁人說：『走快了，走快了。』」[10]

農業合作社負責節水、灌溉、教育、健康照護、社會福利，還負責根據「工分制」發放工資，一工分約等於二十分至二十五分人民幣[11]，集體工廠也如法炮製。政府和共產黨幹部則按照級別領取薪水，一九五二年，中國的人均GDP（國內生產毛額）為人民幣一百一十九元，等同五十四美元，到了一九五六年，則上升到人民幣一百六十六元。

一開始，男女若工時相同，男性會領取較多薪水，貴州的堡子村在農業合作化後，全村二十三名女性只有幾人願意出門工作，婦女主任易華仙因而和男村長反應，男人每做一天計七個工分，女人只記二．五個工分，這樣根本就沒有工作動機。實行同工同

▲ 中共雖推廣性別平等，2019 年時女性黨員人數仍不到 30%，而且截至 2021 年為止，還沒有任何女性成功進入位於權力中心的中央政治局常務委員會。

酬之後，因為村裡所有女人都出門工作，產量增加了三倍，一九五五年，毛澤東得知此事，下令各鄉各社照辦，並讚其為「婦女能頂半邊天」[12]。

中共禁止纏足、一夫多妻、包辦婚姻，並承諾會在經濟、社會、教育、政治上達成性別平等，但是一九五六年十一月，由第八屆中央委員會選出的中央政治局委員及候補委員二十三人中，仍沒有半名女性。

知識分子是思想改造的主要目標，毛澤東自從在北京大學擔任圖書館助理後，就相當厭惡且不信任知識分子，因為他濃厚的湖南腔和土裡土氣的舉止常常招致輕視。某些知識分子在一九四九年之後仍選擇留下，是因為他們相信共產主義，其他人則是因為覺得共產黨不會比國民黨更差，抑或只是別無選擇，中共要求所有知識分子擺脫舊有的思維，**改造的過程包括在中共監督下，強迫進行自我教育和自我批評**，這套方式很快就變成慣例。

一九五五年，資深共產主義文學理論家胡風（一九〇二年～一九八五年），在一篇長篇報告中批判「插在作家頭上的五把刀子」，這五把刀分別為共產主義世界觀、同工農相結合、思想改造、民族形式，以及為政治服務的原則。後來，他因意識形態偏離和反革命陰謀被捕入獄，遭控為美國和國民黨特務。

隔年，毛澤東邀請大眾批評中共，中共哪邊做錯？哪邊可以改進？他援引了戰國時期活躍的智識氛圍，要求「百花齊放、百家爭鳴」。

起初由於胡風事件還歷歷在目，沒有多少人敢出面批評，最後則引發數百萬人迴響，有些人抗議嚴苛的思想改造運動，其他人則指出即便中共宣稱信奉平等主義，卻已出現腐敗和特權的跡象。

根據毛澤東的私人醫生所述，到了一九五七年中期，他因為雪崩般的批評備感震驚，「幾乎一天到晚睡在床上，精神憂鬱，患了感冒」，接著宣布這其實都是為了引蛇出洞[13]。

毛澤東同時也頗擔心前一年反蘇聯的匈牙利革命（Hungarian Uprising）以及尼基塔．赫魯雪夫（Nikita Khrushchev）對史達林的批判，於是刊登了〈關於正確處理人民內部矛盾的問題〉一著作，文中提及雖然「國家分裂和混亂的局面，已經一去不復返了」，但敵我之間和人民內部仍存在某些矛盾：

我們的國家是工人階級領導的以工農聯盟為基礎的人民民主專政的國家。這個專政是幹什麼的呢？專政的第一個作用，就是壓迫國家內部的反動階級、反動派和反抗社會主義革命的剝削者，壓迫那些對於社會主義建設的破壞者，就是為了解決國內敵我之間的矛盾。[14]

由長征同志鄧小平負責的「反右運動」，一網打盡逮捕近一百萬人，其中許多都曾在前一年的事件中發聲[15]，共有約四十萬名「右派分子」被送往勞改營，必須在嚴苛的環境中從事粗重的工作，還要接受密集的政治教化，許多人因而死去。

作家張賢亮（一九三六年～二〇一四年）在記錄勞改營時光的回憶錄《我的菩提樹》中，描述了當時的感受：「鋒利的刀已將我攔腰斬斷，又把我有意識的這一部分拋到荒郊野外。我不知道我的另一部分在哪裡和我是不是曾經完整過。」[16]

土法煉鋼，只煉出廢鐵；除四害，使人民缺糧

一九五八年，毛澤東決定中國已準備好進行往共產主義的大躍進，中共官媒《人民日報》也呼籲全國鼓足幹勁、力爭上游，讓一九五八年的農業和工業產值加倍，於一九五九年又再度加倍。中國奮力「超英趕美」，農民種植的農作物「深又

密」，所有財產都收歸國有，連水牛都是。

毛澤東一聲令下：「人定勝天。」於是全國各地的人民拆下窗戶的金屬窗框，拿出廚房的鍋子，和所有能找到的金屬，一起丟進東拼西湊的土高爐來煉鋼，並砍伐森林當成燃料；為了要消滅害蟲，例如會吃穀物的麻雀，每個人都敲著鍋碗瓢盆，鳥類嚇得不敢停留，直到精疲力盡才落地死亡。但是，土法煉鋼只煉出數百萬噸沒用的廢鐵，而且由於沒有麻雀幫忙消滅昆蟲，作物又種得太密，導致收成欠佳，不久之後便開始缺糧。

地方的幹部背負達成浮誇標準的壓力，只好沒收農民的種子、洗劫緊急糧倉，官媒卻不斷虛報誇張的數據，例如一九五八年九月十八日，《人民日報》就刊出「廣西四川雲南中稻創畝產六萬～十三萬斤紀錄」的消息。一九五九年七月中，長征老兵暨時任國防部長彭德懷，便寫信提醒毛澤東慎防浮誇風氣，認為「政治掛帥不可能代替經濟法則」[18]。

毛澤東在共產黨領導層於江西廬山舉辦的會議中，認為彭德懷密謀推翻他，因此控其為反革命分子，毛澤東還威脅，假如解放軍選擇站在彭德懷那邊，那麼他將召集農民，組成一支新的紅軍推翻政府。毛澤東這番話可說粉碎了中共集體統治的幻象，他隨後軟禁彭德懷，並指派曾在一九四九年帶領解放軍攻占北京的林彪（一九〇七年～一九七一年）擔任國防部長。

農業生產和分配至此完全崩毀，一九五九年蘇聯停止援助中國，而各式天災更讓情況雪上加霜，隨著飢荒蔓延，各地鄉村開始傳出吃人的消息，即便是在相對富裕的城市，人民也不得不剝樹皮充飢。**大躍進展開後的三年間，數千萬人死亡，而濫伐、過度種植、「除四害」運動**（編按：四害為老鼠、麻雀、蒼蠅及蚊子，後改麻雀為蟑螂），**也嚴重破壞了自然環境**。

錯誤的政策也讓西藏受嚴重飢荒襲擊，大麥產量和犛牛數量都大幅下降，一九五九年，藏區陷入混亂，一九五一年簽訂《十七條協議》後的八年間，中央政府興建了醫院、學校、道路、橋梁，並遵照達賴喇嘛的建議，削弱當地行政官員的權力，因為其重稅和嚴刑峻法壓得窮人喘不過氣。接著，一九五五年，毛澤東竟在一場氣氛友好的會議中，稱宗教為毒藥[19]，使達賴喇嘛大感震驚。不久之後，西藏和解放軍的衝突又捲土重來。

一九五九年三月，情勢更加緊張，當時解放軍的拉薩指揮官邀請達賴喇嘛前往總部，並規定他只能獨自前來；藏人擔心達賴喇嘛遭中共綁架，因此約有三十萬人包圍其居所羅布林卡，以策安全，達賴喇嘛逃至印度後，解放軍炮擊羅布林卡，造成數千名走避不及的藏人死亡。一九五九年至一九六一年間，共有數萬名藏人因飢荒及上述事件死亡，這起事件稱為西藏起義，中共方面則稱為西藏武裝叛亂。

不過，不管是叛亂還是全國飢荒，仍然沒有任何事能阻止中共在一九五九年慶祝建國十週年，中共動員了一萬名「志願者」，在十個月內建造了「北京十大建築」，包括全國人民代表大會所在的人民大會堂，以及天安門廣場另一端的革命歷史博物館。

中共也擴建了天安門廣場，使其成為世界上最大的公共空間，占地四十四萬平方公尺，並鋪設擁有編號的石板，以便進行大規模集會和遊行，廣場中央立著人民英雄紀念碑，飾以紀念林則徐禁菸、太平天國起義、五四運動的檐壁。一九四九年起，毛澤東的肖像也會從天安門上俯視整個廣場，每年都會更新；此外，中共在建國十周年之際，還為人民大會堂訂製了一幅國畫〈江山如此多嬌〉，主題取自毛澤東反駁蘇東坡赤壁懷古之情的詩作〈沁園春．雪〉：

江山如此多嬌，

引無數英雄競折腰。
惜秦皇漢武，
略輸文采；
唐宗宋祖，
稍遜風騷。
一代天驕，
成吉思汗，
只識彎弓射大雕。
俱往矣，
數風流人物，
還看今朝。[20]

作為慶祝，中共並特赦了末代皇帝溥儀，他從一九五〇年起便遭關押於戰犯管理所，以囚犯九八一號的身分照料一畦菜園，這時則成了北京植物園的園丁，以及中共政治宣傳的花床上，一株極具觀賞性的花卉。溥儀在老舍協助撰寫的自傳中，還表示他一九六〇年獲得的選民證，就算「把我有生以來的一切珍寶加起來，也沒有它貴重」。

炮打司令部！

彭德懷並非唯一批評大躍進以及毛澤東個人崇拜的人，當時的北京副市長暨明史學家吳晗（一九〇九年～一九六九年）也是其中之一。幾年前，他便曾組織挖掘明神宗陵墓的考古活動，想證實朝廷是否有遵照皇帝的遺願，將他和寵妃鄭氏葬在一起，事實證明並沒有。

毛澤東邀請吳晗為明朝清官海瑞撰文，以強調海瑞是為人民發聲，對抗腐敗的官僚，吳晗想起彭德懷之舉，於是改而撰寫海瑞如何斥責皇帝不顧勸諫，執意在飢荒來襲時繼續浪費資源[21]，吳晗還以同樣的主題撰寫了一齣京劇《海瑞罷官》。

大躍進造成數千萬人死亡，數億人營養不良，結果昭然若揭：大躍進根本是一場大災難，在毛澤東不情不願的同意下，中共的領導層，包括鄧小平和國家主席劉少奇（一八九八年～一九六九年），下令縮小農業公社的規模，並提供農民種植糧食自給的機會，同時能在當地市場販賣多餘糧食。劉少奇還表示，國家遭受的苦難來自「三分天災，七分人禍」[22]。

一九六二年，中國和印度在邊境爆發短暫的戰爭，深陷古巴危機中的美國，仍對印度提供支援，而毛澤東也不信任蘇聯口中所說的「牢不可破的友誼」，因為他們才剛販售武器給印度[23]。中共擔心莫斯科發射核武，不僅動員各地人民挖掘防空洞，包括北京和上海，也在內陸地區下令建造機密的軍事工業綜合設施，即「三線建設」。

中國在科技上必須自給自足，一九六〇年，愛丁堡大學博士夏培肅（一九二三年～二〇一四年）帶領的團隊，成功打造出中國第一臺國產電腦「一〇七機」，夏培肅後來便以中國計算機科學之母聞名。

中國航太之父錢學森（一九一一年～二〇〇九年），原本要擔任加州理工學院（California Institute of Technology）噴射推進實驗室（Jet Propulsion Laboratory）的首任負責人，但因為在美國反共的麥卡錫主義時代遭到迫害，於是返回中國進行研究，促成中國成功在一九六四年試爆第一枚原子彈。

毛澤東也取用唐代詩詞，痛斥蘇聯悖離共產精神的修正主義（revisionism），如這首化用韓愈典故的詞作〈滿江紅．和郭沫若同志〉：

蚂蟻緣槐誇大國，
蚍蜉撼樹談何易。
正西風落葉下長安，
飛鳴鏑。[24]

（編按：首兩句形容中國周邊國家的不自量力，後兩句指「我們吹響衝鋒的號角，要像秋風掃落葉一樣席捲他們」。）

毛澤東確實也正準備在長安的城牆內使「飛鳴鏑」。**一九六三年，他發動社會主義教育運動，又稱四清運動，以處理中共內部和官僚體系的「反動分子」**，即便這場運動造成超過五百萬人遭到迫害，其中數萬人死亡，但不過是**為更猛烈的風暴揭開序幕，即無產階級文化大革命**。

毛澤東認為，革命絕對不能停止。一方面必須對付黨內的修正主義分子和「走資派」（編按：文革時期用語，指走資本主義道路的當權派），也就是那些假裝自已是社會主義者，實則是在推動蘇聯修正主義或資本主義的人，另一方面，這同時也能培育新一代的革命幼苗。

一九六五年底，三十出頭的激進作家姚文元（一九三一年～二〇〇五年），對吳晗的《海瑞罷官》展開激烈批評，稱其為「大毒草」，毛澤東下令所有官媒刊登姚文元的文章。等到隔年文化大革命展開時，吳晗便成了第一批目標，姚文元則扶搖直上，和毛澤東之妻江青，以及另外兩名極左思想家，組成了日後名為「四人幫」的政治朋黨。

一九六六年五月，毛澤東呼籲群眾攻擊黨內的反革命分子和走資派，包括鄧小平在內，因為他認為鄧小平對他的抨擊正在破壞革命。五月二十五日，北京大學哲學系黨總支書記聶元梓（一九二一年～二〇一九年），在校園內張貼了指控校園內的資產階級反動分子的大字報，題為「宋碩、陸平、彭佩雲在文化革命中究竟幹些什麼？」：

> 堅決、徹底、乾淨、全部的消滅一切牛鬼蛇神、一切赫魯曉夫式的反革命的修正主義分子，把社會主義革命進行到底。保衛黨中央！保衛毛澤東思想！保衛無

產階級專政！

作為回覆，毛澤東也在一篇文章「炮打司令部——我的一張大字報」上，稱讚了聶元梓。

北京清華大學附屬中學的一群學生聚集在圓明園遺址，誓言以生命保衛毛主席和革命，並自稱紅衛兵。六月一日《人民日報》便以明代小說《西遊記》中的詞彙，呼籲大眾「橫掃一切牛鬼蛇神」。毛澤東也鼓勵學生攻擊教師和行政人員中的階級敵人與修正主義分子。無產階級文化大革命正式展開[25]。

第一名死在紅衛兵手下的教師，是北京師大女附中的副校長。兩週後，在天安門廣場的一場紅衛兵集會中，攻擊副校長的隊伍中一名女學生宋彬彬（一九四九年～），為毛澤東戴上紅衛兵袖章。

毛澤東注意到「彬彬」代表文質彬彬，因此建議她改名為代表好鬥的「要

▲ 1966年8月18日，宋彬彬為毛澤東戴上袖章，這是紅衛兵第一次在天安門廣場集結，共計有8次，每次都有上百萬人參與。

武」。毛澤東此一舉動，等同暗示他支持暴力行為，因此文革情勢很快升溫，有些學生甚至用教師的鮮血在紫禁城附近的牆上寫下「紅色恐怖萬歲！」。

由學生組成的紅衛兵，包括大學生和年僅十二歲的學生，除了批鬥有嫌疑的反革命分子、走資派、支持蘇聯的修正主義分子外，還會迫害所有和臺灣或國民黨有牽連者，因為前一年美國才派兵參與越戰，毛澤東擔心美國和國民黨正在密謀反攻大陸。

一九六六年八月和九月，光是在北京，紅衛兵殺害和逼迫自殺的人數，就有將近一千八百人[26]，連作家老舍也在忽必烈建造的北京孔廟前遭到殘忍批鬥，隔天有人發現他的屍骨漂在北京的湖裡。針對吳晗的批鬥，則是在北京工人體育場的萬名群眾前進行，他後來因為在獄中被毆打而死；鄧小平也遭到批鬥與解職，並流放到鄉下進行再教育。

鄧小平之子鄧樸方（一九四四年～）在北京大學也遭虐待，紅衛兵強迫他跳窗，不然就要把他扔下去，導致他背部受傷，從此半身不遂，鄧樸方後來成為中國推動身障人士權益的先鋒。

而當時在北京遭到軟禁的英國記者艾瑞克・高登（Eric Gordon），則是將批鬥過程中不絕的「吼聲」，形容為「蜷伏在城市中的巨獸呻吟」[27]。

一九六六年八月至十一月間，毛澤東和黨內的理論家，包括陳伯達和林彪，在紅衛兵於天安門廣場聚集的八次集會中，煽動了他們的情緒，全國各地的學生蜂擁至北京參加集會。毛澤東崇拜越演越烈，紅衛兵和中國各地群眾會表演「忠字舞」、手拿《毛語錄》、唱著〈大海航行靠舵手〉這類歌曲。

毛澤東和林彪呼籲紅衛兵「破四舊」，即舊思想、舊文化、舊風俗、舊習慣，某個紅衛兵後來回憶道：「我們出發時就像一群美猴王，等不及大鬧天庭。」[28]紅衛兵在全國各地拆毀清真寺、教堂、道教和佛教寺廟、神像，包括黃帝在內，同時虐待信眾，他們還破壞了耶穌會教士利瑪竇、湯若望、明神宗等人的墳墓，連明世宗的愛貓霜眉的墓碑都無法倖免。

紅衛兵也攻擊化妝、穿旗袍的女性，並破壞各種東西，從仿明的家具到西洋翻譯小說等，並把街名和地名改成革命標語，讓情況十分混亂，因為一座城市就可能有好幾條「反帝街」或「解放街」。值得慶幸的是，在重新調整交通號誌方面，理智的聲音取得勝利，保留了紅燈停、綠燈行的模式。

中共雖曾譴責蔣介石將某些故宮的珍貴文物運往臺灣，但就算文物留在中國，文革後會留下多少也很難說。

當時的國務院總理周恩來雖支持毛澤東，但仍利用他的權力保全了眾多珍貴歷史古蹟，包括紫禁城和上海的玉佛寺等建築。但是，即便周恩來保存了達賴喇嘛在拉薩的布達拉宮，當地的紅衛兵，其中有些甚至還是藏人，仍摧毀了不少自一九五〇年代的事件中倖存下來的寺廟，並在其他寺廟中展開激戰，包括拉薩神聖的大昭寺，裡面收藏著文成公主當年帶來西藏的佛像。根據統計，北京六千 八百四十三處造冊的古蹟中，紅衛兵就破壞了四千九百二十二處[29]。

紅衛兵也會洗劫及破壞民宅，驚慌失措的民眾甚至會事先燒毀珍貴的書籍、卷軸、藝術品、私人日記和信函。作家暨學者楊絳（一九一一年～二〇一六年）正要完成塞萬提斯（Miguel de Cervantes）的名著《堂吉訶德》（*Don Quixote de la Mancha*）的翻譯時，紅衛兵便衝進家中，奪走其手稿。文化大革命結束後，在廢紙堆中發現手稿才終於物歸原主。楊絳完成翻譯，並在一九八六年獲西班牙國王卡洛斯一世（Juan Carlos I）頒發勳章。

破四舊的目的在於讓位給全新的革命文化，其中最具代表性的便是「革命樣板戲」，結合的元素包含芭蕾舞和交響樂，這種戲劇是江青的發明，包括讚揚土地改革的《紅色娘子軍》、抗日的《沙家浜》、解放軍國共內戰英雄的《智取威虎山》、打倒反革命分子的《海港》等劇目。

由革命幹部、士兵、工人、學生組成的不穩定聯盟，名為革命委員會，從全國各地的地方政府手中接管統治，中國可說陷入無政府狀態，而在毛澤東的命令之下，配有武器的紅衛兵團體之間也展開激戰，以汽油彈、機關槍、長矛、坦克，爭奪誰對毛主席才最忠心耿耿。

一九六七年八月，北京西單發生的某場衝突，就有三千名武裝士兵參加，數百人傷亡，大學校園屍橫遍野、街上血流成河，紅衛兵還可以免費搭乘火車和巴士移動，以便在全國各地宣傳文化大革命，結果最後卻無意間造成腦膜炎大流行，共有十六萬人因此喪命[30]。

▲ 芭蕾舞劇《紅色娘子軍》講述土地改革的故事；革命樣板戲可說承接了自晚清開始、使中國文化「現代化」的使命。

在葡萄牙統治的澳門，毛澤東的死忠支持者也戴上紅衛兵袖章，攻進總督府，把「第一個洋鬼子」歐維治雕像上的手臂扯下。一九六六年十二月和葡萄牙警方的衝突，也造成八人死亡，數百人受傷，在中國本土的紅衛兵於邊境集結之下，澳門總督最終為警方行為道歉。一九七四年葡萄牙獨裁政權垮臺後，里斯本政府提議將澳門交還給北京，卻遭北京拒絕，因中共還沒準備好接收澳門。

一九五八年至一九六五年間的香港，則是出現工資上漲、工人生活改善的現象，但是從一九六六年起，工資上漲的幅度已跟不上通貨膨脹，而且隨著反殖民情緒高漲，原本針對當地主要跨港交通方式——天星小輪票價調漲的抗議，也演變成流血衝突。

文革於中國本土爆發後，香港原本無關的勞工運動也隨之政治化，工會成員揮舞著《毛語錄》[31]，左翼激進分子在中國銀行香港總部噴上反帝國主義標語，像是「吊死戴麟趾」等，戴麟趾（David Trench）是當時的香港總督。銀行傳出反英口號，英國人則以高分貝的爵士樂和披頭四（The Beatles）回敬，左派暴動，包圍英國總督府，並在香港全境裝設超過一千枚炸彈，甚至炸毀反共記者林彬的汽車，他和堂弟因而身亡。這次事件史稱六七暴動，總計五十一人身亡，包括兩名孩童[32]。

一九六八年，廣州爆發激烈衝突，其後數百具腫脹的屍體從珠江漂至香港，許多人生前都曾遭到綑綁和虐待，身上還有槍傷，這使得香港的反共情緒更加堅決。就如同香港記者李怡後來所稱，數十年來這裡一直都被當作「避秦」之所[33]。

一九六八年底，毛澤東終於剷除中共黨內所有敵人，倖存的知識分子也全都被送去再教育。

紅衛兵的任務也已經完成，毛澤東表示，現在都市青年應該要下鄉「接受貧下中農的再教育」，一九六九年，中共宣布文化大革命結束。

一九七〇年，毛澤東和美國記者斯諾進行談話；斯諾在《紅星照耀中國》中，對中共延安長征做了富含同情的描繪，介紹中共及其革命理想給全世界。談話結束後，毛澤東準備送斯諾離開時，說自己是「和尚打傘」，斯諾誤以為毛澤東是在哀嘆自己的孤獨。不過事實上，這是一句曖昧的雙關語，即「無髮無天」，也就是「無法無天」，毛澤東是在告訴斯諾，他其實是一個隨心所欲且專制的領導者。

變化莫測，第一個「天安門事件」爆發

一九六八年，蘇聯入侵捷克斯洛伐克，並宣布實行布列茲涅夫主義（Brezhnev

Doctrine，一套對外擴張和對東歐社會主義國家進行思想、政治控制的理論），理論上，藉此蘇聯便能藉由中共偏離意識形態而出兵中國。隔年，兩個共產巨人的軍隊便在東邊的黑龍江邊界和西邊的新疆邊界，展開為時七個月的非正式戰爭，至少造成百人傷亡。

時年七十多歲的毛澤東，正式欽點國防部長兼好戰友林彪為接班人，但是六十多歲的林彪健康狀態已經相當差，那又該由誰來接班呢？據說毛澤東偏好江青熟識的某個左翼思想家，林彪則希望兒子林立果能夠接班，他在父親眼中是個天才，也是個披頭四迷，同時，根據不少後續的記載，還是個連續性騷擾狂[34]。

一九七一年，包括林立果在內，林彪和家人突然消失，數週後，中共向震驚的大眾宣布林彪密謀暗殺毛澤東，他和家人在逃往蘇聯的途中，於外蒙古墜機身亡。許多在文革中倖存下來的中國人，都將此事件形容為理想破滅的時刻，如同美國總統約翰·甘迺迪（John F. Kennedy）遭到暗殺，林彪的事件至今還有許多不同臆測和陰謀論流傳。

一九七一年，中華人民共和國取代臺灣，成為聯合國的中國代表，隔年，日本和澳洲與北京建交，長年反共的美國總統理查·尼克森（Richard Nixon）也飛往中國拜訪毛澤東，尼克森同意支持一中政策，如同中美共同發表的《中美建交公報》中所述，承認「只有一個中國，臺灣是中國的一部分」，這為中美關係正常化打下了基礎。

多年來，中國人頭一次學英文，首先就從「毛主席萬歲！」這類句子開始學起，而在周恩來的幫助下，鄧小平也在一九七三年回到權力核心，擔任國務院副總理，協助處理政經事宜。

一九七二年，中共發動批林批孔運動，表面上是批判林彪和孔子兩個人的政治運動，其實在暗諷周恩來等同孔子崇拜的統治者周公；但是，周恩來在文革中某些方面的適度收斂，雖然惹怒了毛澤東和江青身邊的死忠左派，但也使他獲得了民眾的愛戴。一九七六年一月八日周恩來去世時，舉國哀悼。

一九七六年四月五日，掃墓祭祖的清明節當天，大批配戴象徵哀悼的白色紙花，帶著詩歌和海報的年輕人湧入北京的天安門廣場紀念周恩來，並抨擊古代的暴君秦始皇和「白骨精」，即毛澤東和江青，廣州、上海、武漢及其他城市也出現類似抗議。

北京的公安在晚間下令要求民眾離開，隨後衝突爆發，軍隊進駐，淨空天安門廣場，中共官方將此次天安門事件視為反革命暴動，並將被捕者送往監獄和勞改營。鄧小平也遭視為煽動者，第二次下臺，由游擊隊員暨毛澤東支持者華國鋒（一九二一年～二〇〇八年）接任國務院總理及中共副主席，儼然成為毛澤東的接班人。

自稱「自由中國」的臺灣，其實也不那麼自由

一九七五年，蔣介石在臺灣病逝，享壽八十七歲，其子蔣經國（一九一〇年～一九八八年）繼任總統，臺灣持續戒嚴，時年七十多歲的張學良亦持續遭軟禁，惡名昭彰的綠島監獄關滿政治犯。

作家柏楊（一九二〇年～二〇〇八年）便是其中一人，他因為翻譯了美國漫畫《大力水手》（*Popeye*），內容描述卜派和兒子漂流到一座島上，爭執誰才能當總統，而遭控為共產黨間諜及打擊國家領導中心兩項罪名。**落腳臺灣的中華民國常自稱自由中國，但其實也不那麼自由。**

數十年來，海峽兩岸的解放軍和國民黨軍隊，仍透過交替轟炸金門及鄰近地

區，維持戰爭狀態，炮彈上還會附有政治文宣，直到一九七九年中美關係正常化後，轟炸才停止。

一九七六年七月二十八日，北京東南方約一百五十公里處的工業城市唐山發生大地震，將近二十五萬人罹難，等同唐山三分之一的人口，連在北京都能感受到餘震，有些人認為唐山大地震便是毛澤東失去天命的象徵。

一九七六年九月九日，毛澤東去世，享壽八十二歲，他曾自譽為「馬克思加秦始皇」，其實他也頗有明朝開國皇帝明太祖之風，對批評極度敏感、堅持中央集權、無情整肅知識分子和過往的盟友。

華國鋒接班毛澤東成為中共中央委員會主席，並在十月六日晚間逮捕江青、姚文元及其他兩名「四人幫」成員，認為他們使國家瀕臨第二次內戰邊緣，隨著人民加入批判四人幫的行列，許多人認為還要加上第五人，即毛澤東，江青也無可避免的遭比擬為唐代的武則天和清代的慈禧太后，使「白骨精」這個稱號和她的名字掛鉤。

一九七七年，雖然毛澤東曾表示希望火葬，但他的遺體仍經過防腐處理，放置在天安門廣場的陵墓中，至今仍在原處。

第十四章

改革開放：繁榮及其不滿

一九七八年，中共為一九七六年發生在天安門廣場上的事件平反，稱其為「革命事件」。透過扭轉官方對天安門事件的看法，中共看似允許人民抒發數十年來壓抑的情緒和遭打壓的思想，北京中央西單十字路口附近的某道牆，也成為「民主牆」，寫有和追求正義相關的詩作、哀悼、控訴、宣言，每天吸引數千民眾駐足，全國各地城市亦出現類似情況。

一九七〇年代末期起，所謂的地下出版物（Samizdat），即自行出版的非官方雜誌，包括《北京之春》、《探索》、藝術和詩歌雜誌《今天》等，讓許多中國年輕人初次接觸到官方以外的政治思想、藝術、文學。前紅衛兵北島（一九四九年～）便寫下他這一代最為著名的詩作〈回答〉：

告訴你吧，世界，
我——不——相——信！
縱使你腳下有一千名挑戰者，
那就把我算作第一千零一名。[1]

民主牆也幫助鄧小平說服中共領導層中較頑強的成員，中國人已經不吃毛主義這套了，一九七八年十二月，中共第十一屆三中全會正式通過集體領導的原則，華國鋒雖仍擔任中央委員會主席，實際決策權卻已落在鄧小平及其盟友身上。

許多最極端的文革活躍分子都被捕入獄，中共領導層倖存下來的受害者不少都重回權力中心，包括抗日及國共內戰老兵習仲勳（一九一三年～二〇〇二年），毛澤東曾將其和諸葛亮相提並論，而習仲勳當時還是大學生的兒子習近平（一九五三年～），也很快就會展開自己的政治生涯。

鄧小平想讓中國在二十世紀結束前，成為一個社會主義現代化強國，這需要農業、工業、國防、科學技術上的「四個現代化」，此概念最初在一九五四年由周恩來提出，不過當時是主張交通運輸的現代化，而非科學技術，反映了能夠追溯到晚清的改革派目標。

毛澤東曾經想直接大躍進到共產主義，鄧小平則將時間倒回他所謂的社會主義初級階段，讓中共能夠將市場機制引進中國的集權式計畫經濟，並創造混合式的中國特色社會主義系統。

由此可見，**毛澤東試圖讓現實符合他的理想，鄧小平則是偏好先看看什麼方式**

能成功，再讓理想迎頭趕上，改革開放初期的口號即包括「實事求是」、「不管黑貓白貓，能捉老鼠的就是好貓」、「摸著石頭過河」等[2]。

國家解散人民公社，並引進責任制，和個別的農夫或一群農夫簽訂契約，上繳一定數量的收成，國家透過提高收購價格，及降低肥料和其他必須開銷的支出，來支持農夫，這同時也能協助鄉村地區脫貧，並讓城市的糧食價格保持穩定。鄧小平也將工業從內陸移至沿海，透過充足的勞動力和港口的便利交通，成功使中國的工業轉型為製造業。

要達成科技的現代化，得投資教育和研究，一九七七年，中國政府恢復了高考系統，根據成績而非階級來選擇學生，由於大學學位是找到好工作的關鍵，加上將近六百萬名考生的錄取率只有五％，競爭可說十分激烈。

▲ 鄧小平成功度過長征和中共同志的多次迫害，成為改革開放時代中國主要的掌舵者。

國防是四個現代化中最具爭議性的一個，毛澤東的游擊隊理論及人海戰術，帶領中共走過抗日、國共內戰、韓戰，而他信奉的平等主義，即便從未實現，也早已內化於解放軍的形象中，因此，將解放軍變成一支擁有正式軍階的現代化專業部隊，幾乎就像背叛。

鄧小平冷酷無情的程度，媲美他的務實程度。一九七八年，越南入侵柬埔寨，驅逐中共支持的赤柬（編按：又稱紅色高棉），並和蘇聯簽訂共同防禦協定。

隔年年初，鄧小平便拜訪美國，慶祝中美關係正常化，成為第一個踏上美國國土的中共領導者，在美期間，他談到越南時表示：「小朋友不聽話，該打打屁股囉。」[3]二月中鄧小平回國後，解放軍便進攻越南，理由包括迄今仍持續的南海島嶼主權爭議，雙方在短暫但慘烈的戰爭中互有往來，數千名中國士兵陣亡，過時的戰場通訊和指揮鏈崩潰，在在證明了一項事實，那就是：中國軍隊必須現代化。

「向前看」到「向錢看」

民主牆運動開始惹怒中共，鄧小平告訴全國「解放」思想時，指的並不是接受西方民主自由和人權的概念。中共認為達成這兩點最好的方式，是改善人民的經濟處境。一九七九年三月，鄧小平發表中共永不更改、不可爭論的四項基本原則：堅持社會主義道路、堅持無產階級專政、堅持中國共產黨的領導、堅持馬克思列寧主義及毛澤東思想。

電工暨前紅衛兵魏京生（一九五〇年～），則是在張貼於民主牆上的〈第五個現代化〉一文中認為，如果沒有這第五個現代化，即民主，那麼「一切現代化不過是一個新的諾言」，中國人民「要自己掌握自己的命運，不要神仙和皇帝、不要做獨裁統治者擴張野心的現代化工具」[4]。

魏京生於一九七九年初被捕，遭控「惡毒誹謗無產階級專政的國家制度，進行反革命煽動」，判處十五年有期徒刑，還有其他數十人被捕入獄，民主牆被水砲洗清，北京之春亦宣告結束。

一九八〇年十一月，絲毫沒有悔意的江青和四人幫其他成員出庭受審，她在全國電視即時轉播的審判中堅稱：「我是毛主席的一條狗，叫我咬誰就咬誰！」法院判處江青死刑，後來減為無期徒刑，十年後江青罹患癌症，最終上吊自盡，她的遺言潦草的寫在某份《人民日報》上，據說寫的是：「主席，我愛你！你的學生和戰友來見你了！」[5]一九八一年，中共官方正式承認：「『文化大革命』是一場由領導者錯誤發動，被反革命集團利用，給黨、國家和各族人民帶來嚴重災難的內亂。」

有個常見的迷思，便是該文件說明毛澤東的政治遺產可算是「三分過，七分功」，實則不然，這個文件只是承認了毛澤東應該要為發動和領導文革負責，卻認為這些和他的功績相比只是次要的，甚至依舊將其尊稱為中國人民敬愛的偉大領袖和導師[6]。

中共持續整肅數千萬頑強的左派，並為文化大革命以及反右運動中的大多數受害者平反，包括已經過世的北京副市長吳晗及作家老舍。此外，從一九七九年起，中共中央宣傳部也展開破除毛澤東個人崇拜的工作，指出怎麼正式拆除雕像以及發放指示，教導如何處置袖章和瓷像等「忠心」產物[7]。

中國也開始實施第四版憲法，將普通話定為官方語言，並規定國家主席不得連任超過兩屆，以確保集體領導原則，一九八一年華國鋒下臺，他是中共領導者最後一位被稱為黨主席的人。隔年，長征老兵暨鄧小平的改革派盟友胡耀邦（一九一五年～一九八九年）上任，成為中共第一位總書記，至於從一九七八年到一九九七年過世為止，都握有全中國最大權力的鄧小平，從頭到尾只擔任過一個最高領導職務，即中央軍事委員會主席。

歷史正式蓋棺論定後，**中共告訴人民要向前看，而大眾總將其解讀為「向錢看」之意**[8]。

當時中國九億八千一百萬人中，有九〇%都生活在世界銀行（World Bank）公布的「赤貧線」附近或之下，也就是每天收入不到兩美元，爆炸的人口成長被中共視為經濟發展的阻礙，於是在一九八〇年實施一胎化政策。

但由於黨內許多幹部仍抱持毛主義的思維，也就是把所有運動都視同作戰，因而出現無數的強迫墮胎和絕育，特別是在八〇%的人口居住的鄉村。此外，女嬰的死亡數也明顯上升，因為許多鄉下家庭仍保有傳統觀念，認為兒子比女兒珍貴，這造成嚴重的性別失衡，而在居住環境較為擁擠、教育程度也較高的都市，一胎化政策遭受的反彈則較少。

隨著中央政府放寬經濟限制，人民也有更多機會透過集體合資或「個體戶」的方式，來提升自己的生活水準，中外合資的企業如雨後春筍般崛起，從菸草業到飯店管理業等，政府也設立了數個經濟特區，當成其遠大的市場經濟改革的試驗場，包括位在香港邊境，曾經頗為樸實的縣城深圳。

一九八六年，調整及釐清智慧財產權及其他財產權的概念後，中國也頒布了第一部民法，另一個中國社會去軍事化的跡象，則是政府適度鬆綁宗教限制，傳統節慶和習俗也逐漸復甦，在西藏和新疆亦然。

一九七八年的《時代》（*TIME*）年度人物鄧小平也於一九八五年再次獲得這項殊榮，許多西方人都成功說服自己，這個曾遭毛澤東控為走資派的人，心底其實同時相信資本主義和民主制度。國際貿易和投資、學術及文化交流、全球的善意，皆使中國得以在一九八〇年代邁向繁榮，並提升國際地位。

一九八一年九月，中共向臺灣政府提出九點方針，謀求和平統一，其中重申了先前兩岸通郵、通航、旅遊等提議，並承諾臺灣在一國兩制的原則下，可以保有自己的軍隊和資本主義生活方式。假如臺灣拒絕統一，北京不排除以武力解放臺灣，若臺灣宣布獨立，便代表正式宣戰，世界上只能有一個中國。

蔣經國總統則以「三不」回應：「不接觸、不談判、不妥協。」他仍在計畫光復大陸，從「共匪」的水深火熱中解救同胞。即便當時臺灣仍處於戒嚴狀態，政治相當專制，歷史傷口也還沒有癒合，經濟上卻快速發展，和香港、新加坡、南韓並稱亞洲四小龍。

一九八一年時，中國人均GDP是一百九十七美元，臺灣則是兩千六百九十二美元。就算很多人不滿國民黨的專制統治，也沒什麼人嚮往中共，某幅漫畫就描繪了臺灣人民對中共提供經濟援助的普遍觀感：穿著破爛中山裝的男人騎著老舊的腳踏車，手上拿著一疊人民幣，朝衣著高檔、坐在高級轎車中的男人揮手。

一九八三年，臺灣著名歌手侯德健（一九五六年～）無視禁令，前往中國，中共的宣傳機器欣喜若狂，讚揚其回歸是「吸吮祖國的奶水」，臺灣人則認為他或許是為了躲債、逃避婚姻、被騙、遭到綁架，或只是異想天開罷了。

同時，香港的命運也正在倒數計時，十九世紀的不平等條約曾將香港島和九龍永久割讓給英國，然而，英國對新界的九十九年租約將在一九九七年到期，而新界占香港陸地總面積九二%，有一半的人口都居住在此地。

一九八四年十二月十九日，中英雙方簽署聲明，強調一國兩制原則，香港將在一九九七年回歸中國，並保留其生活方式、法律系統、「高度自治」，為期至少五十年。

主權移交後的香港新憲法《香港基本法》也指出，香港特首和立法會皆會由普選選出，但是這項承諾並沒有押上確切日期。

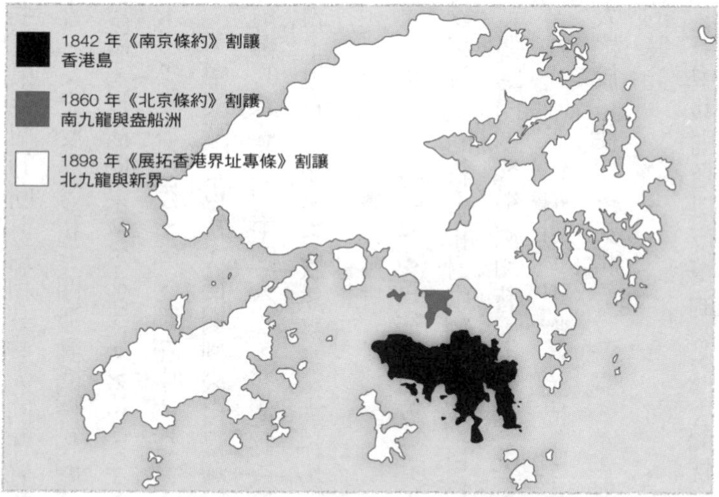

▲ 1982 年中英雙方就香港前途談判時，鄧小平堅持中國一定要在 1997 年收回香港完整的主權，只有細節開放協調。

文化熱：從毛主席時期的束縛中解放

在中國大陸，國家補助逐漸減少，無意間使出版社、電影公司和其他文化企業產製的文化產品，從毛主義的束縛中解放，一九七〇年時正值文化大革命，大陸讀者僅有四十二份報紙、二十一種雜誌、不到五千本新書可以選擇，而到了一九八五年，數字分別漲至六百九十八份報紙、四千七百零五種雜誌、四萬五千六百零二本新書。

不僅出現聳動的內容，例如

毛澤東侍衛的回憶錄和某些人的性覺醒等，還有各式女性主義、環保主義、歷史調查、文化反思等和五四運動關懷相關的先驅之作出現。這段時期也譯介了許多西方書籍，包括尼采（Friedrich Nietzsche）、沙特（Jean-Paul Sartre）、法蘭茲·卡夫卡（Franz Kafka）等，都在中國找到市場及熱情粉絲。

中國讀者也初次接觸到來自臺灣、香港、民國時代的作者，前綠島監獄政治犯柏楊的《醜陋的中國人》，在遭到查禁之前引發熱烈討論，甚至將其和魯迅相提並論，也有許多讀者欣然接受年輕作家辛辣諷刺的都市小說，例如王朔（一九五八年～）等人。

新一代的導演，包括陳凱歌（一九五二年～）和張藝謀（一九五〇年～），也以開放式的敘事和對中國生活的自然描繪，打破了中國電影在建國後陷入的政治宣傳窠臼，藝術家和詩人則繼續進行始於民主牆的內容和形式實驗，頗為大膽。一九八〇年代中期，中國甚至出現了第一個本土搖滾明星崔健（一九六一年～），大眾於是使用「文化熱」一詞，來形容一九八〇年代這段創意和知識探索蓬勃發展的時光。

中共則是以反覆的容忍、熱忱、不悅和憤怒來迎接這些發展，鄧小平便親自監督了數次針對過度的個人主義、人道主義、資產階級自由主義（bourgeois liberalism）及「精神汙染」的意識形態運動。精神汙染也稱精神鴉片，指的是來自西方的影響。但每次運動消退後，又會再迸發出另一波文化和知識能量。

一九八六年底，上海、北京及其他數個城市的學生，受天體物理學家暨大學副校長方勵之（一九三六年～二〇一二年）針對知識分子社會責任的言論啟發，上街爭取更多自由，總書記胡耀邦反對鄧小平開除方勵之和其他敢言黨員黨籍的命令，最後也被迫辭職。

天安門事件，讓內外人士擦亮眼睛

魯迅曾解釋過他創作《狂人日記》的動機，某位友人原先請他寫點東西投稿給《新青年》，他反對道：

「假如一間鐵屋子，是絕無窗戶而萬難破毀的，裡面有許多熟睡的人們，不久都要悶死了，然而是從昏睡入死滅，並不感到就死的悲哀。現在你大嚷起來，驚起了較為清醒的幾個人，使這不幸的少數者來受無可挽救的臨終的苦楚，你倒以為對得起他們麼？」[9]

魯迅的友人則回答，如果有夠多人醒來，那他們就有可能逃出這間屋子。

一九八九年一月六日，方勵之寫了一封公開信給鄧小平，認為中共應特赦所有政治犯，以慶祝建國四十週年、五四運動七十週年及法國大革命兩百週年，其中便包括民主牆的異議分子魏京生[10]。這封信引發不少類似的請願，包括當年曾參與四五運動的詩人北島亦為此發聲，但在二月二十二日，當局卻宣布這些訴求違反法治原則[11]。

一九八九年四月十五日，胡耀邦去世，接下來幾天，大學生開始朝天安門廣場聚集，並在人民英雄紀念碑上掛上布條，寫著：「不該死的死了，該死的卻沒有死。」[12]越發激烈的抗議原先只是針對貪腐，包括「賣賓士，救中國」等標語，但四月二十六日《人民日報》刊出社論，表示「極少數別有用心的人，在鼓動反對共產黨的領導和社會主義制度」。

隔天早上，數萬名憤慨的學生湧入街道，摩肩接踵走向天安門廣場，點燃一場擴及全國，旨在爭取民主、政府問責制、言論自由的運動。

五月，學生占領天安門廣場，月初時還進行絕食抗議，進而獲得更多大眾支持，此次抗議甚至還干擾了五月十五日，前蘇聯最高領導人米哈伊爾・戈巴契夫（Mikhail Gorbachev）的來訪，這可是自三十年前中蘇交惡後，中共和蘇聯領導人的第一次會面。鄧小平大為光火，宣布北京戒嚴，全市民眾前仆後繼走上街頭，以阻止軍隊染指廣場上的學生。

六月二日，歌手侯德健、文化評論家劉曉波和兩個朋友，在天安門廣場展開絕食抗議時，整場運動已經開始失去勢頭。解放軍接到「武力清場」的命令時，鄰近的路上還有數萬人，廣場上則有數千人。市民試圖阻止軍隊進場，六月三日清晨，解放軍開始用實彈開火。

即便侯德健和劉曉波幫忙協調學生從廣場撤離，據估計，解放軍仍在北京屠殺超過一千人，其他城市則有數百人，另有數千人受傷[13]，國外公布的證詞則表示有年輕女子遭士兵近距離射擊，醫院的屍體堆滿走廊。雖然西方媒體多將此事件稱為天安門大屠殺，但北京的屠殺其實大部分都發生在通往廣場的鄰近道路。

中共官方報導則將死者描述為暴民，並側重在死亡的解放軍士兵上，有些人被

▲ 沒有人知道 1989 年 6 月 4 日，那名擋在坦克車隊前面的男子消失於人群之中後，發生了什麼事。

打死，也有人被丟進裝甲車的汽油彈燒死，屍體則從天橋上垂掛而下，有如噁心的戰利品。[13]

許多學生領袖都在香港支持者的幫助下逃往國外，數天後，劉曉波和其他成員就遭逮捕，侯德健短暫在澳洲使館尋求庇護，方勵之則流亡美國。接下來的數個月中，公安持續展開逮捕，學校和企業也懲罰那些參與抗議者，曾同情學生的共產黨官員、政府官員、軍官，也都遭到開除或降職。**一九八〇年代的文化和知識復興宣告結束，西方人對鄧小平的愛戴亦然。**

一九八九年的事件對香港產生深遠影響，數百萬港人齊聚一堂，聲援中國的民主，此後每年的六月四日也都會舉行大型紀念活動，直到二〇二〇年香港頒布國安法，將這類集會視為犯罪為止。

一九八七年，蔣經國宣布臺灣解嚴，並於隔年去世，一九八九年時，臺灣人已經擁有自由的媒體，而且可以到中國旅遊，臺灣記者針對天安門事件可怕暴力的報導，以及其他的目擊者說法，也讓大眾反對兩岸統一的想法更加堅決。

老舍的劇作《茶館》描述晚清至革命時期的北京生活，一九九〇年時又重新流行起來，劇中有個國共內戰的場景，描寫茶館老闆斥責警察痛打反國民黨的抗議學生，博得北京觀眾的滿堂彩。但是，大街上卻靜悄悄，中共領導層已成功鎮壓所有異議跡象，並在前所未有的公眾壓力和國際譴責下，成功保住黨的權力。

一九八九年下半年柏林圍牆倒塌，不久後蘇聯解體，可說是為黨內的強硬派敲響了警鐘，他們認為私有財產制和市場力量，將會導致多黨制民主的訴求，改革已經太過火了，必須釐清中國到底「姓社還是姓資」[14]。

當時中國領導者是中共總書記江澤民（一九二六年～二〇二二年）和國務院總理李鵬（一九二八年～二〇一九年），已經正式退休的鄧小平深感自己的功業遭威脅，因而展開「南巡」，這個字同樣也用來指康熙和乾隆等皇帝前往中國南部遊歷的行程。

鄧小平拜訪了經濟特區、廣州、上海，並表示：「（姓『資』還是姓『社』）判斷的標準，應該主要看是否有利於發展社會主義社會的生產力，是否有利於增強社會主義國家的綜合國力，是否有利於提高人民的生活水平。」因此中國很明顯是姓社。

鄧小平的南巡粉碎了對於改革未來的質疑，並帶動一九九〇年代的經濟復甦，中國不再透過階級鬥爭管理人民，而是透過維穩（更嚴格的政策）、和諧（透過意識形態洗腦和審查來達成社會和諧）、愛國教育（利用民族主義的力量），以及建立「社會主義市場經濟」。

愛國教育的核心思想，是中共於一九四九年終結了中國自鴉片戰爭以來的「百年國恥」，並以圓明園西洋樓廢墟的照片，來強調只有中共可以在這個充滿敵意的世界中保衛中國，並讓中國進步。

若說他們的父母從小學的是階級鬥爭，兄長們嚮往的是民主夢，那麼，後天安門世代就是吸食著悲痛民族主義和經濟榮景的承諾長大。

鐵飯碗的時代結束了，再也不會有受保障的終身工作、住宅、醫療、子女教育，中共允許私人企業接管許多先前由國家壟斷的產業和服務，取消部分價格管控，讓本國人和外國人投資和做生意時更加方便。在毛澤東的時代，幾乎所有旅遊，包括國內旅遊，都僅限於公務出差，但在一九九〇年代中期，國內的旅遊業隨著引進週休二日制度和國定假日增加而蓬勃發展。

但改革帶來的好處並不平均，國營企業的規模縮小，使得都市失業率激增，沿海地帶的發展也大幅超越內陸地區，城市繁榮的同時，鄉下卻越發貧困。到了一九九三年，有六千兩百萬人離鄉背井到工廠、礦坑及建築工地工作，或為快速成長的中產階級擔任裝潢工、清潔工、廚師、保母。但這些人沒有正式的城市居住許可，也就是戶口，因而無法在他們工作的城市為子女註冊公立學校，他們也無法使用社會福利。

一九九六年，中國最後一位太監孫耀庭去世，享壽九十四歲。他的家人在大清帝國滅亡前不久為他去勢，即便後來年事已高，他仍對一九六六年時，家人因為擔心紅衛兵而將他的「寶貝」銷毀一事，感到相當哀怨。

一九九七年，鄧小平去世，剛好在英國交還香港的數個月之前，澳門則是在二〇〇〇年元旦前後回歸。隨著元老逐漸凋零，又有一批年輕領導人竄起，習近平現在成了中共中央委員會的一員。

中共官方推廣孔子思想，民間出現宗教復興熱潮

魯迅曾表示，有兩種方法可以打壓天才，就是壓迫和吹捧。一九九四年，一度批評孔子的中共，舉辦了一場國際研討會，紀念孔子兩千五百四十五歲誕辰，因為孔子提倡的社會安定、中庸、尊重權威，現在符合黨的目標。**中共新的崇拜對象，反映出中共想成為傳統中國文化正統繼承人兼捍衛者的渴望**。

這位思想家的形象也非常有用，二〇〇四年，全球第一間孔子學院於韓國首爾成立，由中國教育部負責經營，目的便是透過語言教學和文化活動，推廣中國的軟實力。此後，孔子學院便時常因試圖干涉西藏、臺灣、天安門相關議題的學術討論，而遭美國、加拿大、歐盟多間大學關閉，中共官媒則是將此舉解讀為反中情緒，以及西方「對其他文化的害怕或無知，也許兩者皆是」[15]。

二〇一一年某天，北京市民一醒來，發現天安門廣場的國家博物館前，矗立著

一座九．五公尺高的孔子雕像，新毛派（neo-Maoist）在網路上發難，對於崇拜這個「蓄奴的巫師」大為光火；此後，雕像立即飛速消失，被移至博物館其他庭院。新毛派為此雀躍不已[16]，其他網友則開玩笑說，孔子沒有北京戶口。都過世了兩千五百年，這名老哲人還是一如既往的充滿爭議。

毛澤東統治時期，中共將所有宗教批為精神鴉片或迷信，而毛主義的影響減弱後，對宗教和靈性的興趣又再度高漲，改革開放時代允許宗教行為，不過必須按照規定，例如天主教徒就可以在不承認教宗權威的「愛國」教堂中禱告。

一九九〇年代時，新疆也吹起伊斯蘭文化和宗教復興熱潮，此地占中國領土面積的六分之一，石油、天然氣、煤炭蘊藏量則占五分之一。蘇聯解體，新疆邊界的中亞各國，像是哈薩克、吉爾吉斯、塔吉克等崛起，也促使中共中央政治局常務委員會，在一九九六年展開針對該區情勢穩定和潛在威脅的討論，包括維吾爾獨立運動的崛起。

如同在西藏的做法，中共也在新疆建立公安和軍隊系統，同時鼓勵漢人移民，一九四九年至二〇二〇年間，新疆人口的漢人比例從不到七％上升到四〇％[17]。政府也在新疆的經濟發展上，挹注約千億人民幣的資金，雖然許多維吾爾人和藏人一樣，抱怨漢人獲得了大多數的利益。

中國各地也吹起了一股氣功熱，這是和氣有關的一種古代療法和運動，某些結合道家哲學的氣功大師，擁有大批狂熱的信眾，而這類社會組織也正是古代帝制時期許多叛亂的根源，因此在一九九〇年代中期，中共便開始列管所有氣功團體。

但有一個團體相當頑強，就是由氣功大師李洪志（一九五一年～）創辦的法輪功，其結合佛教和道教的憐憫概念、種族主義、恐同，並堅信外星人正在吸取人類的精氣、從事邪惡之事。中共當局將法輪功斥為封建思想，展開打壓，李洪志移居美國，但法輪功仍持續成長。

一九九九年，中共黨員數量剛突破六千三百萬人，法輪功就據說已有七千萬信眾，那年四月，一萬名法輪功信眾包圍黨中央辦事處中南海靜坐抗議，中共領導層大為震驚，將其視為自一九八九年的事件以來，最嚴重的政治事件，因此下令禁止法輪功。

自此之後，法輪功便控訴中共嚴重侵犯人權，包括摘取遭囚信眾的器官等，並透過設立在美國的媒體於海外宣教，像是右翼的《大紀元時報》和新唐人電視臺，還有巡迴舞團的表演節目「神韻」，結合了偽傳統的中國民俗技藝和反共宣傳鼓動。

網路普及，經濟發達，貪腐盛行

一九九〇年代中期，網際網路在中國逐漸普及，伴隨而來的還有集監視、控制、審查於一身的「防火長城」（編按：中國國家防火牆），中共在放寬曾經廣泛的人民私生活監督時，仍是相當嚴格管控網路上的政治意見，也對宗教有所警覺。

一九九七年，同性戀在中國終於除罪化，二〇〇一年，中華醫學會精神病學分會也將其移出官方的心理疾患列表，但仍出現不少強迫治療的報導，**社會對同性戀的偏見依然存在，某些教科書依舊持續將同性戀視為西方的社會問題，源於資本主義造成的「心靈空洞」**[18]。不過，年輕世代已經比較容易接受「同志」，但這個指涉同性戀的詞彙本身也讓中共相當煩惱。

新世紀的頭一年，中國加入世界貿易組織（WTO），北京也成功獲得二〇〇八年的奧運主辦權。二〇〇二年，中國和東南亞國協達成共識，同意「以建設性的方式」，處理南海相關島、礁、灘、沙的主權爭議。隨著天安門廣場上的巨型時鐘每天一分一秒倒數奧運的到來，西方評論家也和一九八〇年代初期一樣，興奮的預言一個開放民主的資本主義新時代即將到來，有些人還將奧運視為中共「成為世界共同體」的象徵。

一九七八年，中國的人均GDP為一百五十六美元，二〇〇一年超越一千美元，二〇〇九年則達到三千八百三十二美元[19]。當時，中國也已擁有全球最多的都市人口，約六億人，其中許多人都渴望追求各種中產階級生活目標，像是擁有自己的房子或出國旅遊。約占總人口四〇%的二十多歲年輕人，比上一代少吃了許多苦，他們認為生活水準高、機會多，都是理所當然。

然而，問題依舊存在，例如城鄉差距持續擴大，而且即便收入增加，更高的支出也讓實際貧窮程度高於官方文件公布的數據，經濟蓬勃發展反倒讓缺乏安全與保障的職缺越來越多，開發商違法強占民宅和農地也時有所聞。經濟奇蹟帶來的環保成本也益發明顯，空氣、土壤、水源汙染越發嚴重，至於性交易、藥物成癮、三妻四妾、人口販賣、性病等問題捲土重來，官員的貪腐在其中也扮演了重要角色。

此外，如同作家陳桂棣和吳春桃夫婦，在遭查禁前相當暢銷的著作《中國農民調查》中指出，一九九〇年至二〇〇〇年間，農民的稅賦重擔增加了五倍；二

○○○年時，農民的人均稅賦為人民幣一百四十六元，是收入更高的城市居民六倍之高。此外，農村居民還面臨高達九十三種額外支出，包括贊助村裡共青團活動的稅收[20]。

《中國農民調查》一書的英文書名為「*Will the Boat Sink the Water?*」（舟能覆水？），便是取自唐太宗的名言，他將農民比喻為水、國家為舟，表示：「水能載舟，亦能覆舟。」[21]

從共青團一路往上晉升的水利工程師胡錦濤（一九四二年～）和地質學家暨胡耀邦的門徒溫家寶（一九四二年～），分別於二○○二年和二○○三年成為中共總書記及國務院總理。溫家寶降低農民的稅賦，並親自監督公共政策，處理醫療和教育上的不平等，胡錦濤則矢志打造一個沒有衝突的社會主義和諧社會，除了打壓異己，還壓迫由人權律師、異議人士、環保和勞工權益相關非政府組織組成，正在萌芽的公民社會。

然而，光是二○○五年一年，根據公安部相關的最新數據，中國各地就爆發約八萬七千件抗議，或稱「群體性事件」，數量為前十年的十倍之多[22]。

二○○七年和二○○八年間的全球金融海嘯，可說是送上中共門前的大禮，他們認為這次事件顯示了資本主義的失敗，然而，輪到中國舉辦奧運的那年，卻也向世人揭露了其內部的壓力，新疆和西藏皆傳出暴動和鎮壓。

二〇〇八年五月，規模八．〇的地震襲擊四川，造成約九萬人死亡，包括五千名孩童，其中許多都被困在像豆腐般倒塌的校舍中。一胎化政策代表沒什麼小孩有兄弟姐妹，因此當時便出現了一個新詞「失獨」，形容失去獨生子女的深沉哀慟，而「豆腐渣工程」很明顯是官員中飽私囊所導致。

二〇〇八年七月爆發的中國毒奶粉事件，也是源自官員貪汙。當時，有數十萬人因為摻有三聚氰胺的毒奶粉造成腎臟損壞，包括五萬四千名嬰兒，加入三聚氰胺是因為能提高奶粉的蛋白質含量和商業價值。距離天安門廣場上的學生呼籲中共「賣賓士，救中國」，還不到二十年，貪腐卻早就變得更加嚴重。

當年，中共審查各式各樣的報導，對來自海外的批評大為光火，不願讓任何人阻攔他們的偉大慶典。二〇〇八年八月八日，北京奧運盛大開幕，開幕典禮由名導張藝謀籌畫，吟誦的儒生、行軍的兵馬俑、鄭和的艦隊、中國四大發明、華麗的煙火等，伴隨以完美和諧移動、打鼓、跳舞的數千名表演者，儼然是一幅融合團結和國家驕傲的壯觀場景。

▲ 2008 年北京奧運的主場館、未來風的國家體育場「鳥巢」，由艾未未與瑞士建築團隊共同設計，但艾未未後來遭當局打壓，部分原因是他調查四川大地震中的死難學生情況，並於 2015 年流亡海外。

西漢史家司馬遷曾寫道：「千夫諾諾，不如一士諤諤。」[23]（編按：諤音同餓，眾多唯唯諾諾之人，不如一名諍諫之士可貴。）

從文化評論家轉為民主鬥士的劉曉波，自一九八九年起便陸續進出監獄和勞改營，而他也負責起草《零八憲章》，其名是為了向捷克同為爭取民主的《七七憲章》（*Charta 77*）致敬。

《零八憲章》共有超過三百名知識分子、異議人士、官員簽署，於二〇〇八年十二月發表，其內容呼籲的「並非當今政治系統的改革，而是終結包括一黨專政在內的某些基本特質，並以人權和民主為本的系統取而代之」[24]。

劉曉波隨後被捕，並因煽動顛覆國家政權罪，於二〇〇九年遭判處十一年有期徒刑；二〇一〇年，劉曉波獲頒諾貝爾和平獎，卻無緣出席領獎，二〇一七年，他因肝癌在獄中病逝。

中國經濟此後持續成長，並於二〇一〇年超越日本，成為世界第二大經濟體，但對貪腐的憤怒也隨之升溫，網路的普及亦使中共越來越難包庇貪官汙吏，二〇一一年時，微博就有將近五億一千三百萬名使用者，這個數字已達到將近當時中國人口的一半。

二〇一一年七月二十三日，兩列高鐵在中國東部的溫州相撞，造成六節車廂出軌，兩節插入高架橋四十公尺下方的地面，數十人死亡，多人受傷。列車上的一名學生在微博發文，引發國際媒體關注，還有網友張貼工人在高架橋下方掩埋出軌車廂的影片，引發各界控訴當局是要湮滅證據，連中共官媒也提及這起事件，《人民日報》更刊出社論，反對「帶血的GDP」。但是，所有媒體報導突然一夕消失，中共同時展開一項針對線上造謠傳謠的運動[25]。

中共近年最轟動的貪汙案和中央政治局委員薄熙來（一九四九年～）有關，其父薄一波是習近平之父習仲勳的長征老戰友，薄熙來形象溫文儒雅，富有魅力，擔任中國西南方重慶的市委書記，相當熱衷於推廣復古的革命紅色文化。

薄熙來自己發動的反貪腐運動讓他的公安局長下臺，公安局長的妻子向調查單位提供丈夫和未成年妓女開房間的照片，以及他藏匿不義之財的位置，就埋在家中的金魚池下方[26]。二〇一一年，薄熙來之妻谷開來，因為懷疑某個英國商人不願將薄氏夫妻倆所得的非法資金轉移到海外，而將其謀殺，東窗事發後，兩人皆遭判處無期徒刑。

二〇一二年十月十一日，前解放軍士兵莫言（一九五五年～），成為史上第一位居住於中國大陸的諾貝爾文學獎得主，他在瑞典斯德哥爾摩領獎時，將中國的審查制度比擬為機場安檢，認為這是必要檢查。數週後，《紐約時報》便違反了這個審查制度，揭露溫家寶家族累積了至少二十七億美元的龐大財富[27]，下個月，胡錦濤便警告如果不處理好貪腐問題，將導致亡黨亡國[28]。

二〇一二年，中國社會學家孫立平（一九五五年～）指出，中國之後將有四種可能的走向，一是回到毛澤東式平等的平民主義，雖能降低不平等和貪腐的情況，卻也可能面臨毛澤東時代的暴力和非理性風險。二是持續改革之路，不管越發嚴重的不平等，繼續讓經濟私有化，三是維持現狀，四則是在改革的同時，加入平等、正義等普世價值[29]。

二〇一二年十一月，習近平成為中共總書記暨中央軍事委員會主席，到隔年三月，全國人大也將同意他成為中國國家主席，中共已經選擇了自己的道路，而且那條路有點類似於上述的第一條路。

第十五章

習近平的新世代：戰狼部隊的崛起

一九八〇年，鄧小平限制國家最高領導人的五年任期，不得連任超過兩次時，曾表示任何人都不該永遠掌控崇高職務，而到二〇一二年為止，共出現兩次完整的連任，每次十年。接著，二〇一八年時，全國人民代表大會遵照中共的指示，廢除了連任兩次的限制，使習近平和他之前的毛澤東，以及兩千年來的皇帝相同，有機會終身統治，宣告中共得來不易的接班秩序遭到破壞。審查機制盡全力封鎖中國網路上類似「我們回到清朝了」的留言。

習近平在二〇一二年成為總書記後的第一項行動，便是發動數十年來聲勢最浩大的反腐敗運動「打虎拍蠅」，虎指的是高階官員，蠅則是低階官員，運動迅速獲得大眾支持。官媒將習近平塑造為平易近人的接地氣形象，鋪天蓋地報導「習大大」的日常生活，像是在人潮眾多的北京小館，吃一頓便宜的肉包「人民早餐」。

習近平提出了「中國夢」的國家復興想法，繁榮的中國將在世界上獲得應有的地位，二〇一三年年初，中國南方大報《南方周末》刊出社論，指出中國夢也應包含憲政主義，也就是甚至連中共都應遵守法律時，便遭到當局施壓，以另一篇題為〈我們比任何時候都更接近這個夢想〉的社論，取代原先冒犯的社論[1]。

▲ 2012 年，習近平成為首位於 1949 年後出生的中共暨國家領導者；可說自毛澤東以後，就沒有看過如此鋪天蓋地的個人崇拜。

中共也禁止大學教導公民社會和普世人權等「西方價值」，或是反右運動和文化大革命等「歷史錯誤」，可說將現代中國史的重要事件扔進了英國作家喬治・歐威爾（George Orwell）所謂的忘懷洞（memory holes，《一九八四》〔*Nineteen Eighty-Four*〕中，主角銷毀文件使用的工具）。

二〇一六年，中共開始稱習近平為「領導核心」，先前僅毛澤東、鄧小平、江澤民獲得這項殊榮，背後代表的是其統治的正當性，使得其他人很難反駁習近平的決定，中共還更改了黨章，將「習近平新時代中國特色社會主義思想」視為其意識形態指南。

習近平至此已經集各種大權於一身，包括解放軍新單位聯合作戰指揮中心的總指揮，甚至得到「萬能主席」（Chairman of Everything，漢學家白杰明創造的詞彙）的綽號[2]。

這可能已經讓你想起堅持中央集權、各種權力一把抓的明太祖朱元璋，但其實，習近平設想自己能如乾隆般開創盛世，經濟繁榮、文化鼎盛、軍容壯盛。

二〇二〇年，中共宣稱已徹底消滅中國的赤貧現象，有數億中國人民符合中產階級的定義，約占總人口五九％，淨資產介於一萬美元至十萬美元之間。全中國共有七百九十九名淨資產超過十億美元的億萬富翁，比美國還多了一百七十三人，此外還有四百四十五萬名百萬富翁。

在毛澤東的時代可能很難想像，但這些企業中有不少都是中共黨員，中共的黨員數量已經成長到九千兩百萬人，占總人口的六．六％，黨員的平均教育程度比一般大眾還高，而且來自各行各業，其中約有八〇％出生於一九八〇年代和一九九〇年代[3]。毛澤東若還在世，很可能會認不出這個他曾經領導的黨，其黨群服務中心除了提供習近平思想課程和行政服務外，還有健身課程、卡拉ＯＫ、快速約會服務。

所謂中國夢也體現於中共國所構建及引領的「人類命運共同體」。史學家白杰明認為該構思賦予古老的「天下」概念以新的現實內涵。中共亦可藉此扮演一個具有道德、政治及經濟使命大國的國際角色。

斥資數兆美元的全球援助、基礎建設及投資計畫一帶一路，便是習近平編織一個大範圍命運共同體的方式。其名稱便是來自絲路以及明朝將軍鄭和的海上歷險；同時也旨在透過教育、科學、文化交流，奮力在這個美國衰退的時代，提升中國的軟實力和全球影響力。

如果說**毛澤東時代的外交口號是「我們的朋友遍天下」，那習近平的新時代可以說是「我們的客戶遍天下」**。一帶一路同時也推廣一種認同專制的「中國模式」，或稱「北京共識」，強調經濟發展與繁榮穩定，超越了政治自由和民主的重要性。

毛澤東曾經想當第三世界的領袖，鄧小平則堅持中國在國際上應「韜光養晦」、等待時機，相較之下，習近平認為中國必須「始終做世界和平的建設者、全球發展的貢獻者、國際秩序的維護者」。

但是，當國際秩序不符合中國利益時，例如二〇一六年海牙國際法庭審理南海島礁主權爭議，判處中國敗訴[6]，北京當局便拒絕遵守結果。**如果說中國是在毛澤東時代「站」起來，在鄧小平時代「富」起來，那習近平則宣稱在他的時代，中國將會「強」起來。**

戰狼部隊，法家思想的科技化

二〇一七年，類似好萊塢藍波（Rambo）系列作品風格的中國動作片《戰狼二》，講述一個痞性十足的中國神祕部隊士兵，在非洲擊敗邪惡美國傭兵的故事，宣傳標語靈感來自西漢某位將軍的名言——明犯強漢者，雖

▲《戰狼二》曾是中國影史上票房最高的電影，也成了新時代侵略和悲憤兼具的民族主義代名詞。

遠必誅（編按：敢於侵犯強大漢帝國的人，即使再遠，也一定要殺掉他們），變成「犯我中華者，雖遠必誅」。[7]

改革開放時代就曾出現不少激烈的民族主義情緒，其中某些是針對日本企圖洗白當年侵華的行為。

一九九九年則因北大西洋公約組織的炸彈事件，導致反美情緒高漲；當時，北約針對南斯拉夫在科索沃的暴行，於貝爾格勒展開轟炸，炸彈卻擊中中國使館，造成三名中國人喪生。

北約後來雖宣布此次事件為意外，卻引發民眾包圍北京的美國使館，並攻擊美國在成都和廣州的領事館，四天後，中國官媒播出美國總統比爾．柯林頓（Bill Clinton）對中國的道歉，公安才終止抗議活動，通常中共在著手處理之前，都會給愛國的抗議者足夠的方便，讓他們先表明立場。

新時代的戰狼懷著滿腔憤慨，以及數十年愛國教育養成的例外主義。在這個管制和審查相當嚴格的國家中，他們享有相對的豁免，**主要在線上活動，不管是不是中國人，只要有人侮辱到「咱們中國」，就會開嗆、肉搜、煽動暴力**。

二〇二〇年，外交史學者暨中國社會科學院榮譽學部委員資中筠（一九三〇年～）便感嘆道：「一百年了，沒有長進，**上面還是慈禧，下面還是義和團。**」又說：「良知、理性的呼聲早已封殺殆盡，且動輒得咎，自不待言。」[8]

中共將義和團視為反帝國主義英雄，二〇〇六年，歷史學家袁偉時（一九三一年～）在著名的〈現代化與歷史教科書〉一文中，哀嘆現在竟教導學生崇拜一群無知的暴民，他還斥責學生在學習圓明園遭到焚毀時，不知道其實是英法使節先遭到虐待，才釀成這次悲劇。

袁偉時認為，教科書刪去政治上不方便的歷史觀點，將導致不理性的民族主義加劇，而這會破壞中國在世界舞臺上值得信賴的形象；當局則認為袁偉時「傷害了中國人民的感情」，下令刊物停刊並撤銷該文。而在「新時代」，這類文章打從一開始就不可能發表，五四運動的自省精神雖然尚未死去，中共卻鐵了心要將其埋葬，新時代慶祝五四運動時，只是將其當成一個愛國的反帝國主義運動而已。

二〇一八年，習近平在一次和黨內高層的講話中，也提到朝代循環（dynastic cycle）的問題，毛澤東在延安時曾向記者黃炎培建議，可以透過民主解決，也以自己的方式試圖處理；習近平則認為朝代衰亡源於腐敗和分裂，因此需要「一以貫之，增強憂患意識」[9]。

二〇一九年，中共推出了「學習強國」理論學習平臺，其中的「習」可以代表學習，也可表示習近平。這款程式結合遊戲、電子版「習語錄」、政治思想課程、口袋版檔案，讓使用者在學習習近平思想的同時，也能獲得遊戲分數。中共要求黨員和許多政府雇員，每天都要花時間使用這款程式，他們的表現也會影響到職涯上的獎懲。

「學習強國」一部分是數位化的政令宣傳，也和其他按照法家獎懲原則設計的社會信用系統結為一體，在全國各地的不同平臺推出，受到讚許的行為包括捐款做公益、照顧長者、自願協助耕作，獎勵則包含飯店升級、更好的工作、更快的網速等。而訂位放鳥、欠債、刺青、散播政治「謠言」，依據情節輕重，則可能導致無法搭機或搭火車旅行，甚至無法獲得好工作，或是被公布在巨型數位公布欄上，非常丟臉。

社會信用，源自一個更龐大的數據蒐集及人為監控系統，這使得中國在二〇二〇年時，成為世上最受到監控的國家，某些城市的監視器數量，更高達每一千人便有一百支[10]。中共的「天網」計畫結合大數據、生物數據、人臉辨識、人為監控和控制系統，名稱則來自老子《道德經》中的「天網恢恢，疏而不漏」[11]。

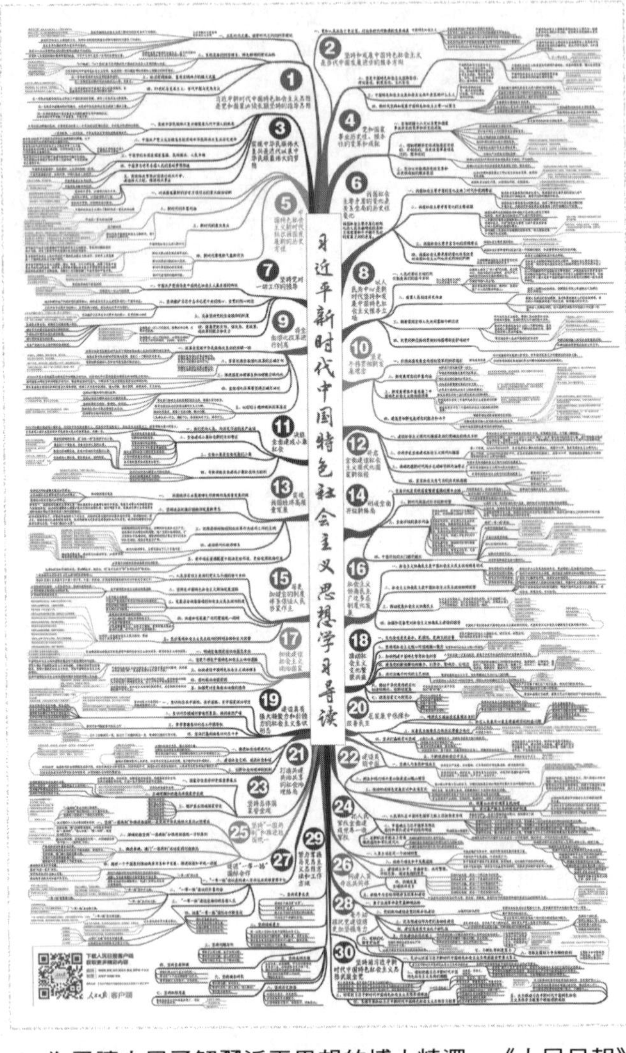

▲ 為了讓人民了解習近平思想的博大精深，《人民日報》出版了相當有用的心智圖指南。

二〇二〇年中，隨著新一波的教育整頓運動展開，要掃蕩公安系統的貪腐和「兩面人」（不忠實的人），中共的網子收得越來越緊，司法部將其形容為：「一場刮骨療毒式的自我革命。」國務院同時也立法規定，禁止政府和黨的幹部發表任何悖離黨綱的言論，包括在私人聊天時，或是在下班時間閱讀及瀏覽未經授權的資訊，使人想起當年秦朝李斯的焚書坑儒[12]。

學校也受到其他方式限制，例如名校清華大學的法學教授兼習近平最大批評者許章潤（一九六二年～），就失去了工作、退休金、出版自由，而且禁止接受任何經濟援助。還有無數人被捕，而**在中國的司法系統中，在法院遭到起訴的罪犯有九九％都會被判有罪**。自文革之後，中共就不曾試圖針對人民的生活，發動過如此大規模的極權控制。

習近平曾將被侵略、被顛覆、被分裂，視為中國的三個重大危險[13]，他很喜歡引用一段宋朝大文豪蘇軾的文章：「天下之患，最不可為者，名為治平無事，而其實有不測之憂。坐觀其變而不為之所，則恐至於不可救。」[14]（編按：指「天下的禍患，最不能挽回的，莫過於表面上社會安定，實際上卻存在著不安定。消極的看著禍亂滋生卻不去對付，禍亂恐怕會發展到無可挽回的地步。」）

不安定因素與中國的未來

每年中國人大和政協的年度大會，都會有藏人、維吾爾人及其他少數民族穿著繽紛的傳統服飾炫耀，但中共的種族政策已經越發走向強迫同化，追求凌駕於各民族之上的「中華民族」身分。學校優先使用普通話而非各民族語言、越來越多漢人移民到「自治區」、打壓宗教活動，再加上日漸嚴格的管控、監控、控制，使得新疆、西藏與其他少數民族占多數的地區，不滿日益沸騰。

新疆發生多起維吾爾人和漢人間的暴力衝突，以及維吾爾獨立運動支持者發動的個別恐怖攻擊後，中共不僅派出更多軍力和警力，也加強監控。

從二〇一七年起，據傳中共拘留超過百萬的維吾爾人、哈薩克人及其他穆斯林，有些人僅僅是因為蓄鬍、擁有《古蘭經》或生太多小孩就被捕，這些地方後來成為數百座「再教育營」。

根據倖存者和拘留者親屬傳至西方的證詞，折磨、挨餓、墮胎、苦役、無端的暴行，例如強迫信徒吃豬肉和喝酒，以及其他人權支持者認為屬於種族文化滅絕的行為[15]，還有數千座清真寺和聖壇遭到摧毀，或改為酒吧及商店。北京當局對這些營區的說法則是「去極端化」中心和職業訓練學校，駁斥所有針對虐待的指控，並指出新疆二〇一八年達到比印度高上三倍的GDP，便是「人權保障」的最佳證明。

二〇〇九年後的十年間，共有超過一百名藏人因抗議政府政策而自焚。針對這些政策，達賴喇嘛也使用了「種族文化滅絕」（cultural genocide）一詞。二〇二〇年，新的法律還禁止藏人施放經幡（編按：有書寫或印刷佛經或陀羅尼的幡布），這不僅是當地盛行的宗教活動，也是西藏最壯麗的風景之一。

這些故事都是現在進行式，其根源在歷史中盤根錯節，找不到任何簡單的解決辦法。

習近平領導的中共也試圖打壓其他宗教。二〇一八年，曾藉岳飛刺青來對中國表達效忠的開封猶太人，人數也減少到僅剩五百人，而且多數皆已不遵守教規，公安幹部突襲僅存的猶太會堂，破壞希伯來文獻，還汙染浸禮池[16]。中共打壓伊斯蘭教、猶太教、藏傳佛教、法輪功，以及不能歸類為「愛國」的基督教和天主教組織的常見手段，便是聲稱他們被境外敵對勢力滲透。

臺灣對中共也是一個不安因子。二〇二〇年，來自反統一政黨民主進步黨的總統蔡英文（一九五六年～），以壓倒性的票數成功連任，針對國家認同的民調也顯示，有破紀錄的八三・二％人口認為自己是臺灣人，自認是中國人的只有五・三％，兩者皆是則占六・七％（其他則是不願回答）[17]。

中國在習近平的統治下，強迫其他國家、國際組織、航空公司和企業孤立臺灣，或將臺灣視為中國的一部分，同時不斷重申不排除武力解放臺灣。

中共在香港則不斷違反一國兩制原則，包括越線綁架支持獨立出版商和書商，引發了一系列抗議，二〇一九年，種種不滿在特首林鄭月娥提出引渡法案《逃犯條例》，允許將違反中國法律的嫌疑犯，如煽動民主的香港公民，引渡至中國受審後，終於引爆香港史上規模最大的抗議活動。抗議標語包括「光復香港，時代革命！」，並以二十世紀初反帝國主義抗議人士使用的詞彙「三罷」，呼籲全民罷工、罷課、罷市，中共極為震怒，並將這次騷亂歸咎於外國勢力引發[18]。

為期七個月的抗議中，港警動用非致命武器、實彈、催淚瓦斯、辣椒噴霧、鎮暴水車來對付群眾，某些群眾則以汽油彈和磚塊回擊，這是香港自一九六七年的暴動後，最嚴重的暴力事件。林鄭月娥最終撤回法案，但拒絕群眾的其他訴求，包括公正調查港警暴力等。當年年底的立法會改選，也是香港唯一普選的選舉中，民主派的反對黨大獲全勝。

二〇二〇年，中國人大通過了《香港國安法》，其中將「顛覆國家政權」視為非法，撤銷《香港基本法》中保障的立法和司法權，並授權中國祕密執法人員在香港執法。中共同時大舉逮捕民主派人士，並打壓獨立媒體，不管從什麼方面來看，一國兩制原則至此都已名存實亡。

而在中國本土，習近平的新時代表示，政府已不再容忍一九八〇年代和一九九〇年代萌芽的公民社會，包括女性主義、勞工權益、承認ＬＧＢＴ社群等議題。而對岸的臺灣則在二〇一九年，成為全亞洲第一個同性婚姻合法化的地方。

二〇一五年國際婦女節前夕，北京公安逮捕五名計畫抗議性騷擾的婦女「女權五姐妹」，這是中共建國以來，第一起打壓女權運動的事件，而女權兩字也進入當局不斷擴張的敏感詞彙列表中。

此外，即便後來出現多起沸沸揚揚的性騷擾事件，#MeToo 也很快就成為敏感詞彙，但或許這正是核心原因。

二〇一九年世界經濟論壇（World Economic Forum，簡稱ＷＥＦ）公布的性別落差指數（Gender Gap Index）中，中國在一百五十三個國家中名列第一百零六名，排名連續十一年下滑[19]（編按：於二〇二二年，中國名列第一百零三名，臺灣為第三十六名）。

對一個自詡勞工階級之聲，並以此獲取統治權的政黨來說，勞工權益是個敏感的議題。二〇一八年，中國蓬勃的經濟發展開始減緩，成長自一九九〇年以來首次低於七％，裁員、減少的工時、積欠的工資，引發了數千起罷工及抗議，卻都很快遭到鎮壓。校園馬克思主義社團的成員也加入爭取工作權的行列，但公安卻連學生一起逮捕，有些學生被抬走時還唱著《國際歌》（編按：*L'Internationale*，國際共產主義運動頌歌）。

毛澤東一直鼓勵年輕人造反。從一九六〇年開始，所有中學的國文課都會閱讀司馬遷的《陳涉世家》，也就是那名「奮臂於大澤而天下響應」的反秦領袖。不過二〇一九年時，教科書用另一篇有關周亞夫（約西元前一九九年～前一四三年）的文章取代陳勝，周亞夫是漢朝將領，以遵守法律和規定聞名[20]。

二〇二〇年，是中國傳統六十年曆法的第三十七年，即和災厄及難關有關的庚子年，先前的庚子年包括鴉片戰爭爆發的一八四〇年、由義和團和八國聯軍搗亂的一九〇〇年、中國爆發大飢荒的一九六〇年。

有可能源自武漢海鮮市場的新冠肺炎疫情，為北京政府二〇二〇年將面臨的一系列危機揭開序幕。年輕的武漢醫師李文亮（一九八五年～二〇二〇年）試圖警告同事這個致命疾病，但公安強迫他不說，最後他自己也因染疫病逝。李文亮死後，武漢居民靠向窗外，在夜空中呼喊他的名字，這名勇敢的吹哨者臨終前還在病榻表示：「**一個健康的社會不應該只有一種聲音**。」

李文亮的同事、武漢市中心醫院急診室主任艾芬，也因向其他醫護人員披露肺炎的消息，遭到醫院高層懲處，並命令她不要造謠；艾芬後來在訪談中表示：「早知道有今天，我管他批評不批評我，老子到處說，是不是？」[21] 訪談一出，中共陷入狂亂的損害控制模式，不僅將這篇訪談從中國網路上撤下，還表示李文亮是忠心的黨員及烈士，將壓迫李文亮一事怪罪給地方當局。

隨著疫情擴散，造成數百萬人感染及死亡，並為全球經濟帶來嚴重影響，各地的排華主義和反中共情緒也隨之激增，針對中共官員何時得知病毒存在的疑問，促使各界開始詳細檢視中國作為世界強權的責任。

而戰狼在網路上引戰的回應，以及某些外交官控制批評的方式，也讓中國多年來試圖在國際上建立的友善可靠形象蕩然無存。甚至到了年底，讓國際情況讓人開

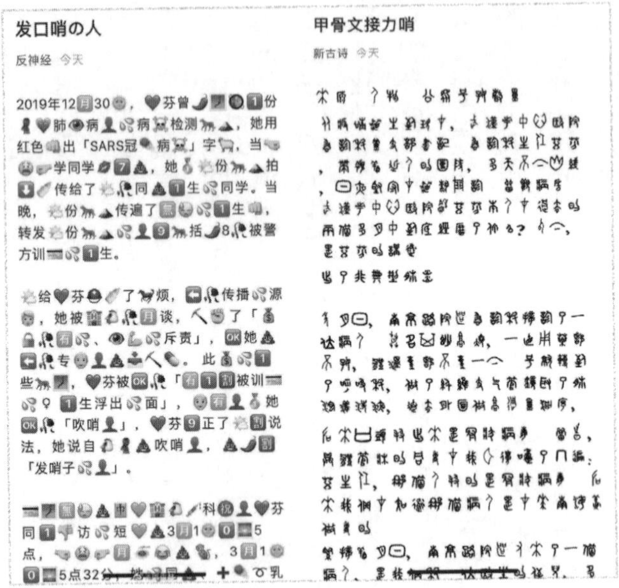

▲ 為了讓醫生艾芬的話繞過審查制度，中國網民將內容翻譯成表情符號、摩斯密碼、克林貢語（編按：電影《星艦迷航記》〔*Star Trek*〕中的外星種族克林貢人的語言），甚至甲骨文。

始擔憂新冷戰時代——或是更糟的情況——的到來。

不管是否來自中國本土還是國外，所有批評都被中共視為反中。中國當局則宣稱和全球各地的中國人站在一起，一同對抗充滿敵意的世界。

二〇二一年年中，中共大規模慶祝七月一日到來的建黨百年，一九四一年時，毛澤東本來想紀念建黨二十週年，但他忘記第一次集會的確切日期，所以領導層就直接將日期訂為七月一日，即便後來確認初次集會其實是七月二十三日，仍舊沒有更正。

二〇二〇年年中，從中共培育幹部的重要機構——中共中央黨校——退休的政治學教授蔡霞（一九五二年～），便指控習近平像個黑幫老大一樣，「活活的把一個黨、一個國家給弄死掉了」，還讓中共變成「政治殭屍」[22]。流亡美國的蔡霞表示，其實有七〇%的中共黨員都想遵循過去數十年間，為中國帶來重大改變的改革開放道路。

也許她是對的。又或許，正如官媒宣稱，永遠對「百年國恥」感到憤怒，且對毛澤東時代的自我傷害（包括一九八九年的天安門事件）一無所知的愛國戰狼部隊，才代表真正的主流意見。但也可能只是看似如此，因為那些本來讓中國社會和文化生氣蓬勃的異議人士、反對偶像崇拜者、怪人、知識分子及自由靈魂，在遭到審查制度、恐懼和監禁噤聲之後，人們還聽得見的意見，確實只剩下戰狼和官方口中的那一套。

中國的現況充滿來自過往的回聲、徵兆與迴響。新時代是否正在宣示，一個在嚴刑峻法和統治時間上，都將超越秦始皇的大一統專制政權即將崛起？還是會孕育一個實現明太祖反貪夢的統治，疆域遼闊、經濟繁榮、文化璀璨，連乾隆皇帝也會感到驕傲的中國？抑或這個新時代會像無數舊時代一樣，遭到現代版的宮廷鬥爭和人民起義推翻？

中國的人力、文化、經濟潛能不可限量，而習近平領導的中共領導層，相信中國可以在不放寬，甚至更加緊縮針對社會、文化、知識的控制，並打壓少數民族文化的情況下，實現這樣的潛能。

但從歷史觀之，中國最繁榮的時代都是那些以兼容並蓄和開放著稱的朝代，像是唐朝，而且現在所謂的中華文明，其實也是源自歷來漢人和中亞、西南、東北、其他地區人民和文化的無數互動及交流。

中國的經濟和科技產業有可能超越美國，而在軍事上，也不斷在東海、南海及臺灣海峽炫耀實力，但中國的軟實力，也就是吸引力，不容易跟上自己的硬實力。

要從歷史獲得教訓，唯一的方式就是了解歷史。就算歷史如中國這般淵遠流長，也一定會充滿分歧的聲音和彼此競逐的敘述。中共偏好簡單粗暴的方式，運用歷史來支持其統治這個古老國家的正當性，但就如同宋代史家司馬光所說：「兼聽則明，偏信則暗。」[23]（編按：多方聽取意見才能辨明是非得失，若只聽一方的意見，則容易愚昧不明。）而且沒有任何比鐵屋子內還暗的地方了。

到目前為止，習近平的新時代都還只是歷史的滄海一粟，至於這個時代會持續多久，下個時代又會如何，我留給能用《易經》算命的人定奪。不過，假如未來不可預測，那至少了解歷史能讓一切不那麼令人驚訝。

謝辭

本書獻給布朗大學（Brown University）的莉雅・威廉斯（Lea Williams）教授，一九七三年，他的東亞史概論課程啟發了我對中國研究的興趣，而他堅持要我學習中文，也改變了我一生。

我下一位優秀的導師，是我偶爾的合作夥伴、前夫兼一生摯友白杰明。從一九八一年我們第一次在香港相遇開始，他就帶領我了解中國歷史，包括歷史的起源、主題、概念，甚至人物，是如何至今仍與我們息息相關。特別是他提出的「後漢學」（New Sinology）理論，以跨學科的方法，融合新舊辯論，以及華人世界的各種討論，強調語言、文化、歷史扮演的角色，也為我自己的研究方法帶來深遠的影響。

他的著作和文章，包括在 chinaheritage.net 和其前身 chinaheritagequarterly.org

網站上的資料，都是我在撰寫本書時的寶貴資源。我非常感謝他閱讀本書草稿並給予回饋。

大衛・布洛菲（David Brophy）、葛羅莉雅・戴維斯（Gloria Davies）、吉米・佛羅克魯斯（Jaime FlorCruz）、奧利佛・克里薛（Olivier Krischer）、麥柯麗（Melissa Macauley）、安東尼・達皮蘭（Antony Dapiran）、琴・楊（Qin Yang），都從他們忙碌的生活中抽出空檔，閱讀部分或完整草稿，並提供了寶貴的意見。

作家薛憶溈遠遠超出期待的為我的草稿提供詳細的評論。廣受歡迎、堪稱模範的歷史學家傑佛瑞・瓦瑟史東（Jeffrey Wasserstrom）亦然。多虧這些人的專業意見，才讓這本書變得更好，我要向他們諸位磕頭。本書的所有錯誤及其中表達的所有觀點，都來自我個人。

白杰明創辦、我擔任編輯顧問的澳洲國立大學（Australian National University）中華全球研究中心（The Australian Centre on China in the World），也為我這個全職作家提供了學術的避風港和優秀同事；其中一位便是陳孟雪（Chen Mengxue）博士，他埋首古籍和各種資源之中，為我解開了如人口統計等許多難題。

潔達・穆拉托勒（Jade Muratore）是我撰寫本書時的得力助手，如果沒有她銳利的編輯之眼、研究和事實查核的本領、取得本書配圖的技巧、閱讀我手寫筆跡的能力，我不知道這本書會變成什麼樣子。本書最前面的時間表，加入「長毛象滅絕」這一項也要歸功於她。另外，謝謝 Em Jaay 檢查了所有人名和中文拼音，也要感謝藝術家兼老朋友郭健。

撰寫本書時，我有幸站在巨人的肩膀上。過程中，我不斷參考耶魯大學教授史景遷的著作、謝和耐的《中國文明史》（*A History of Chinese Civilization*）、理雅各（James Legge）為香港大學出版社翻譯並撰寫註解，極為壯觀的五大冊《中國經典》（*The Chinese Classics*）。我也從許多名作中汲取靈感和知識，包括黃仁宇的《萬曆十五年》（*1587, a Year of No Significance*）和美國華裔作家哈金（Ha Jin）近期出版的李白傳記《通天之路：李白》（*The Banished Immortal*）。

古文英譯的部分，我盡可能參考優秀譯者的翻譯，包括理雅各、閔福德，以及已逝的李克曼。也要感謝所有允許我在書中引用其作品的作者與譯者，註解中若沒有特別標示譯者，就代表是我自己的翻譯。

出版社 Black Inc. 的出版商克里斯・費克（Chris Feik）找我寫書時，並不知道撰寫這樣的一本書，是我四十多年來的夢想。我在 Black Inc. 最棒的編輯茱莉亞·卡羅馬格諾（Julia Carlomagno），也和我並肩走過出版本書的「長征」，她睿智的評論、見解、指引都幫助我很多，我對她的感激溢於言表。我也要感謝 Black Inc. 的所有人，包括美編 Akiko Chan、校對喬·羅森堡（Jo Rosenberg）、行銷莎莉·巴特勒（Sallie Butler）、版權經理艾琳·桑德福（Erin Sandiford），在墨爾本因疫情封城的情況下，還是讓本書順利問世。

這本書能有中文版也是一種夢想實現。十分感激臺灣出版社大是文化的郝麗珍和李芊芊對這本書的關心和認真，我的挑剔要求無疑為她們添加不少勞累。也感謝翻譯者楊詠翔的辛苦努力，這本書雖然以中國歷史為主題，肯定仍給中文譯者不少挑戰和頭疼！Sumina 在校對中文版時提供了很多建議，我非常感謝她的諸多貢獻。

經紀公司 Left Bank Literary 的蓋比·納賀（Gaby Naher），是世界上最棒、最盡責的版權經紀人。

我在澳洲原住民蓋迪該爾族（Gadigal）的土地上生活並工作，他們從未放棄過主權，我也在達魯格族（Darug）和貢東古拉族（Gundungurra）土地上的瓦魯那作家中心（Varuna Writer's House），撰寫了本書的某些部分。感謝艾蓮諾・達克基金會（Eleanor Dark Foundation）維護此地，這裡是作家的綠洲，充滿平靜和關懷。何塞米（Josemi）為我的另一座綠洲增添色彩。

世世代代的中國思想家、詩人、藝術家、發明家，讓這個世界變得更豐富，也總是為我帶來啟發。我想以蘇軾寫於將近一千年前的古詞〈水調歌頭・明月幾時有〉為本書作結：

此事古難全。
但願人長久，
千里共嬋娟。[24]

本書參考資料
請掃描 QR Code

TELL 053

漢學家觀點的極簡中國史

能翻譯電影字幕的漢學家，以旁觀者角度研究華夏歷史，
解讀中國現象，可以知興替、明是非

作　　者／賈佩琳（Linda Jaivin）
譯　　者／楊詠翔
責任編輯／李芊芊
校對編輯／宋方儀
美術編輯／林彥君
副總編輯／顏惠君
總 編 輯／吳依瑋
發 行 人／徐仲秋
會計助理／李秀娟
會　　計／許鳳雪
版權主任／劉宗德
版權經理／郝麗珍
行銷企劃／徐千晴
行銷業務／李秀蕙
業務專員／馬絮盈、留婉茹
業務經理／林裕安
總 經 理／陳絜吾

國家圖書館出版品預行編目（CIP）資料

漢學家觀點的極簡中國史：能翻譯電影字幕的漢學家，以旁觀者角度研究華夏歷史，解讀中國現象，可以知興替、明是非／賈佩琳（Linda Jaivin）著；楊詠翔譯. -- 初版. -- 臺北市：大是文化有限公司，2023.04
320 面；14.8×21 公分. --（TELL；053）
譯自：The Shortest History of China
ISBN 978-626-7251-09-6（平裝）

1. CST：中國史

610　　111020509

出 版 者／大是文化有限公司
臺北市 100 衡陽路 7 號 8 樓
編輯部電話：（02）23757911
購書相關資訊請洽：（02）23757911 分機122
24小時讀者服務傳真：（02）23756999
讀者服務 E-mail：dscsms28@gmail.com
郵政劃撥帳號：19983366　戶名：大是文化有限公司

法律顧問／永然聯合法律事務所
香港發行／豐達出版發行有限公司 Rich Publishing & Distribution Ltd
地址：香港柴灣永泰道 70 號柴灣工業城第 2 期 1805 室
Unit 1805, Ph. 2, Chai Wan Ind City, 70 Wing Tai Rd, Chai Wan, Hong Kong
電話：21726513　傳真：21724355
E-mail：cary@subseasy.com.hk

封面設計／林雯瑛
內頁排版／顏麟驊
印　　刷／鴻霖印刷傳媒股份有限公司

出版日期／2023 年 4 月初版
定　　價／新臺幣 420 元（缺頁或裝訂錯誤的書，請寄回更換）
I S B N／978-626-7251-09-6
電子書ISBN／9786267251508（PDF）
9786267251515（EPUB）